Antico Egitto

Una guida alle divinità egizie misteriose: Amon-Ra, Osiride, Anubi, Horus e altre (Libro per alunni e giovani lettori)

Da Student Press Books

Tabella dei contenuti

Introduzione

Incontra gli antichi dèi dell'Egitto – Mitologia per ragazzi/e dai 12 anni in su.

Benvenuti nella serie Mitologia accattivante. Questo libro vi presenterà gli dèi, le dee e altre creature mitologiche dell'antico Egitto raccogliendo i profili delle divinità più comuni nelle antiche terre delle sfingi e dei faraoni.

Non è facile essere un dio. Un minuto primastavi creando il mondo e quello dopo non hai altro da fare che toglierti i granelli di sabbia dagli occhi. Era dura anche essere un faraone e dover decidere se far lavorare o meno tutti quegli schiavi quando potevano fare una pausa e prendersi un caffè. Ma forse è per questo che hanno inventato questa piccola cosa chiamata "religione".

Immergiti nell'antico mondo della mitologia egizia. Questo volume ti dirà tutto quello che c'è da sapere su questi affascinanti esseri mitologici, dalle loro rappresentazioni piuttosto bizzarre nell'arte a ciò che effettivamente facevano e simboleggiavano. Il libro è costellato di divertenti illustrazioni delle divinità egizie, raramente eroiche ma sempre interessanti!

Fai un viaggio lungo il Nilo e scopri queste antiche, ma sfuggenti creature. Chi sono? Cosa sappiamo delle loro storie? In che modo la loro cultura ha plasmato quella dell'antica Grecia? Impara tutto questo e molto di più leggendo questo volume sull'Antico Egitto! Scopri perché Iside è sia protettrice che distruttrice; la relazione che Hathor ha con le mucche; cosa c'era di così speciale in Sobek, cosa significa l'occhio di Ra, e molto altro. C'è così tanto da imparare! Compra subito la tua copia!

Questo libro della serie Mitologia accattivante comprende:

- Affascinanti biografie delle divinità egiziane -Scopri di più su questi dèi e dee e sui loro poteri.
- Ritratti vivaci - Falli rivivere nella tua immaginazione con l'aiuto di immagini avvincenti.

Il tuo regalo

Hai un libro nelle tue mani.

Non è un libro qualsiasi, è un libro della Student Press Books! Scriviamo di eroi neri, donne che danno potere, mitologia, filosofia, storia e altri argomenti interessanti!

Dato che hai comprato un libro, vogliamo che tu ne abbia un altro gratis.

Tutto ciò di cui hai bisogno è un indirizzo e-mail e la possibilità di iscriverti alla nostra newsletter (il che significa che puoi cancellarti in qualsiasi momento).

Allora, cosa stai aspettando? Iscriviti oggi e richiedi il tuo libro gratis all'istante! Tutto quello che devi fare è visitare il link qui sotto e inserire il tuo indirizzo e-mail. Ti verrà inviato il link per scaricare subito la versione PDF del libro in modo da poterlo leggere offline in qualsiasi momento.

E non preoccupatevi - non ci sono fregature o costi nascosti; solo un buon vecchio omaggio da parte nostra qui a Student Press Books.

Visita subito questo link e iscriviti per ricevere la tua copia gratuita di uno dei nostri libri!

Link: https://campsite.bio/studentpressbooks

Divinità maschili

Amon

Scritto anche Amun, Amen, Ammon, Aman o Hammon.

Dio del soffio di vita che anima tutte le creature viventi così come lo spirito che permea ogni oggetto inanimato

Nell'antica religione e mitologia egizia, Amon era un dio il cui nome significa "ciò che è nascosto", "ciò che non si vede" o "ciò che non può essere visto". Originariamente associato alla città di Tebe, Amon divenne in seguito unito al dio del sole Re (o Ra) come Amon-Re, re degli dei.

Come tale Amon raggiunse una posizione di supremazia nel pantheon egizio e venne considerato come uno dei creatori dell'universo. Era il marito della dea Mut e il padre del dio Khons; insieme erano conosciuti come la Triade di Tebe. Anche se sconosciuto e invisibile, si pensava che Amon caratterizzasse una grande generosità e un'influenza universale.

Poiché Amon era invisibile e associato all'aria e al respiro della vita ovunque, la presenza di Amon, secondo gli egiziani, poteva essere percepita nelle folate di vento e nei gagliardetti svolazzanti che i sacerdoti attaccavano ai piloni dei templi.

Come dio "nascosto", la vera forma di Amon non poteva essere conosciuta, eppure è stato raffigurato nell'antica arte egizia in una profusione di forme. Amon è solitamente ritratto come un uomo barbuto con un copricapo di due alti pennacchi, colorati in sezioni alternate di rosso e verde o rosso e blu.

Intorno al collo di Amon porta un'ampia collana dal disegno intricato, e spesso indossa anche bracciali e braccialetti. Le spalline sono attaccate alla sua tunica. La coda di un animale, forse un leone o un toro, pende dalla parte posteriore della sua tunica, un segno della sua antichità. Nella mano destra tiene l'ankh, il simbolo della vita, e nella sinistra lo scettro, il simbolo del potere. Amon è talvolta seduto su un trono.

Il composito Amon-Re è spesso mostrato come avente un corpo umano con una testa di falco. Sopra la testa del falco c'è il disco solare circondato da un serpente (ureo). Poiché i popoli delle diverse aree religiose lungo il fiume Nilo consideravano diversi animali più sacri, Amon-Re sarebbe stato associato a quell'animale; così a volte è anche mostrato come una scimmia, un leone, un'oca o un coccodrillo, a seconda del luogo. In una forma tardiva, è raffigurato con la testa di un ariete.

Amon e la sua controparte femminile, Amaunet (Amunet o Ament), formavano una coppia degli otto antichi dei e dee della creazione (insieme chiamati Ogdoad) di Hermopolis. Quando Amon è mostrato insieme ad Amaunet, di solito è raffigurato con la testa di una rana, e lei ha la testa di un serpente. Quando Amon stesso è raffigurato con l'ureo, Amaunet ha la testa di un gatto.

Amon era anche talvolta fuso con il dio Min (Amsu) come Min-Amon, e allora viene mostrato con il simbolico flagello sul braccio alzato. Come Min-Amon simboleggiava il potere creativo e generativo della sessualità maschile.

Nel tardo periodo dinastico, specialmente nel periodo tolemaico, furono realizzate figure di Amon-Re in bronzo che incorporavano tutti gli attributi importanti del dio. In queste figure ha la testa di un uomo barbuto, il corpo di uno scarabeo, le ali di un falco, le gambe di un uomo con le dita e gli artigli di un leone, quattro braccia e quattro ali. Il disco solare poggia su corna d'ariete sopra di lui, e un cobra dalla testa di leone è aggiunto al disegno.

Si pensa che Amon sia di origine molto antica, forse addirittura predinastica, forse come dio dell'agricoltura, una divinità locale il cui culto era incentrato intorno alla città di Tebe. Un santuario ad Amon fu costruito nell'Apt, il quartiere settentrionale di Tebe, durante la XII dinastia.

Lo status di Amon come dio crebbe insieme alle fortune politiche della sua città natale. Rapidamente, nello spazio di circa cento anni, Amon passò da divinità locale a creatore dell'universo, mentre i principi tebani acquisivano la sovranità. Tebe divenne la capitale di tutto l'Egitto e la sede dei faraoni del Nuovo Regno.

Forse per evitare rivalità teologiche o per superare tali rivalità, i sacerdoti di Tebe dichiararono Amon un tutt'uno con il popolare, ampiamente venerato dio sole creatore Re, chiamandolo Amon-Re. In questa forma era ora considerato il re degli dei, divinità suprema dell'Egitto, fonte di tutta la vita in cielo, in terra e negli inferi.

Amon divenne la divinità guardiana dei faraoni della XVIII dinastia, e il faraone regnante era considerato come il dio incarnato. Il potere e la potenza di Amon-Re erano descritti in molti inni di lode egiziani, come per esempio nel Papiro di Hu-nefer.

Grandi templi furono costruiti in suo nome a Luxor e Karnak. Centri del suo culto apparvero anche a Hermonthis, Coptos, Panopolis, Hermopolis Magna, Memphis, Sais, Heliopolis e Mendes, e il dio era adorato nelle dipendenze egiziane della Siria, Nubia e altrove. Solo il dio dei morti, Osiride, lo rivaleggiava nel culto popolare.

Quando i sacerdoti di Amon-Re divennero immensamente ricchi e potenti, dichiararono Amon-Re "l'Unico", che non aveva "nessun secondo". Infatti,

Amon-Re cominciò ad assorbire le caratteristiche di tutti gli dei, presumibilmente unificandoli e personificandoli tutti.

L'egittologo Lewis Spence considera questo uno dei più seri tentativi dell'antichità di formulare un sistema di monoteismo. Alla fine della dinastia Ramesside, la carica stessa di faraone fu conferita al sommo sacerdote di Amon-Re, e la 21a dinastia è conosciuta come la dinastia dei sacerdoti-re.

Un santuario e oracolo di Giove-Ammone si trovava nella città libica di Siwa. Secondo lo storico greco Erodoto, questo oracolo era stato fondato da una sacerdotessa tebana di Amon-Re che era stata rapita dai Fenici e venduta in Libia.

L'oracolo era famoso e molto visitato in epoca classica, consultato da figure storiche come i capi militari Lisandro, Annibale e Alessandro Magno, quest'ultimo dei quali chiese all'oracolo di dirgli se era il figlio del dio stesso.

Domande di ricerca

1. Quali sono i tuoi pensieri sugli antichi dei egiziani?
2. Quale degli dei egizi ti ha spaventato o impressionato di più?
3. Quali sono alcuni dei tuoi miti egizi preferiti?

Aton

Anche scritto Aten.

L'Aton è il disco del sole

Il disco solare era tradizionalmente venerato solo come un aspetto del dio sole Re. Durante il regno del controverso faraone della XVIII dinastia Akhenaton (scritto anche Ikhnaton, chiamato anche Amenhotep IV; regnò dal 1353 al 36 a.C.), il disco solare, precedentemente ritenuto la dimora del dio sole Re nel suo viaggio attraverso il cielo, divenne oggetto di culto in sé, significando la sintesi del dio sole e del suo disco splendente, visibile a tutti. Akhenaton perseguitò anche i sacerdoti di Amon, dio di Tebe.

La religione di Aton è stata considerata il primo esempio storico conosciuto di monoteismo. Il più importante documento sopravvissuto di questa religione è l'Inno di Aton, che era iscritto in diverse versioni sulle tombe. Come alcuni altri inni del suo periodo, il testo si concentra sul mondo della natura e la disposizione benefica del dio per essa.

Anche se la natura precisa del culto dell'Aton rimane offuscata, durante il periodo di Akhenaton divenne la religione ufficiale, incentrata intorno alla nuova capitale di Akhenaton, Akhetaton ("Orizzonte dell'Aton"), o Tell el-Amarna.

Gli dei egiziani erano spesso rappresentati simbolicamente in forma umana con una testa umana o animale, ma l'Aton non era antropomorfizzato allo stesso modo. Piuttosto, veniva mostrato solo come il disco del sole, con linee di raggi che emanavano verso il basso da esso; i raggi terminavano in mani umane, a volte tenendo l'ankh, il simbolo della vita.

Non sono stati raccontati miti o storie coinvolgenti sul dio, ma nell'arte, un movimento estetico definito è anche associato a questo periodo. Dopo la fine del regno di Akhenaton, la nuova religione dell'Aton fu considerata un'eresia, e ci fu un brusco ritorno alla credenza in Amon-Re e al tradizionale pantheon egizio, anche se un santuario all'Aton sopravvisse nella città di Heliopolis.

1. Quali creature mitologiche hanno avuto origine nell'antico Egitto?
2. Qual è la cosa più divertente che hai sentito su un dio egiziano?
3. Quale pensi sia la cosa più importante da ricordare quando si studia la storia e la cultura dell'antico Egitto, considerando che tutte le loro divinità e i loro costumi funerari erano così strettamente associati tra loro?

Atum

Chiamato anche Atem, Atmu, Tem o Temu.

Una divinità solare predinastica è associata alla sera o al tramonto del sole

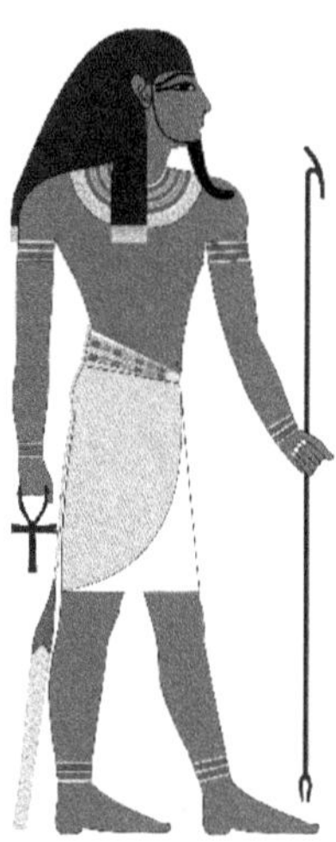

Atum era accreditato come il padre dei gemelli Shu e Tefnut. Era un dio locale della città di Heliopolis che si fondeva con la potente divinità solare Re in un composto chiamato Re-Atum. Secondo la raccolta di testi mortuari, Book of the Dead, la manifestazione fisica di Re-Atum era il sole quando scendeva nel cielo, come il dio Khepri era il sole quando saliva, e Re stesso era il sole al suo apice, a mezzogiorno.

La revisione tebana del Libro dei Morti collegava anche Atum con Osiride e ritraeva i due come divinità i cui corpi non sperimentavano mai il decadimento fisico.

Atum era solitamente raffigurato come un re, che indossava le corone dell'Alto e Basso Egitto e portava un ankh, il simbolo della vita, e uno scettro, il simbolo del potere. Uno dei più antichi dei venerati in Egitto, Atum occupava un posto importante nella mitologia egizia come creatore degli altri dei.

Come forma di Re, Atum si creò dalle acque primordiali del caos, chiamate Nun. Poi fece nascere Shu e Tefnut dal suo seme o sputandoli dal suo stesso corpo. In un'altra versione di questo mito della creazione, Atum e la dea della fertilità dalla testa di mucca Hathor erano i genitori di Shu e Tefnut. In tempi successivi, si pensava che Atum avesse una controparte femminile, Temt (scritto anche Temit).

In un mito egizio, Atum causò una grande inondazione che coprì l'intera terra e distrusse tutta l'umanità tranne quelli che rimasero nella sua barca. Era una storia di diluvio con somiglianze con il racconto biblico di Noè e l'Arca.

Domande di ricerca

1. In un giorno qualunque, di quale antico dio egizio vorresti assumere le sembianze?
2. A quale dio egiziano assomigli di più?
3. Chi ha la migliore acconciatura di tutti gli dei egizi?

Hapi

Scritto anche Hapy o Hap.

Il dio del fiume Nilo

Hapi era solitamente raffigurato come un vecchio grasso con un seno pendulo da donna che simboleggiava la fertilità del fiume. Indossava una corona di papiro e piante di loto, simboli del Sud e del Nord, o portava il papiro e il loto tra le braccia, mostrando che il fiume era il collegamento tra l'Alto e il Basso Egitto.

Come personificazione del Nilo, Hapi era un aspetto di Nun, le abissali acque primordiali da cui tutte le cose, compreso il grande dio del sole Re, emergevano. Si pensava che il Nilo facesse parte di una corrente celeste che circondava la terra; la barca di Re navigava ogni giorno su quella corrente.

A livello pratico, il Nilo era una fonte continua di sostentamento per gli egiziani, che dipendevano dall'acqua vivificante delle sue periodiche risalite per i loro raccolti. A causa del ruolo centrale del Nilo nella vita dell'antico Egitto, Hapi occupava un posto unico e assumeva un'importanza speciale nella religione egizia, sebbene non fosse un dio santificato in nessuno dei sistemi teologici sacerdotali egizi.

Nel tardo periodo dinastico (664-332 a.C.), Hapi venne considerato il creatore di tutte le cose, e a questa divinità venivano dedicati inni che lodavano il dio per la sua importanza vitale per tutto ciò che viveva.

1. Pensi che certi dèi pratichino troppo spesso l'inganno e il trucco per il loro bene?
2. Che responsabilità ha l'uomo quando si trova nella posizione di dover comunicare con gli dei egiziani?
3. Perché (alcuni) dei egiziani sono sempre in lotta tra loro?

Horus

Horus era il nome latino dell'egiziano Heru.

Il dio del cielo dalla testa di falco o di falco, figlio di Osiride e Iside

Horus comprendeva molti aspetti come divinità centrale nel pantheon egizio. Il culto di Horus ebbe origine nei tempi predinastici e si diffuse e consolidò in tutto l'antico Egitto. Horus era anche spesso amalgamato con una o due altre divinità. In epoca romana Horus e sua madre, Iside, erano venerati insieme.

Iside, Osiride, Nefti e Seth erano i quattro figli della dea del cielo Nut e del dio della terra Geb. Secondo il mito più diffuso sulla nascita di Horus, egli era figlio di Iside e Osiride. Iside lo concepì per magia dopo che suo fratello e suo marito Osiride erano stati uccisi dal malvagio Seth.

Iside si nascose nelle paludi del delta del fiume Nilo e diede alla luce Horus. Lo allevò in segreto per evitare che Seth lo trovasse e gli facesse del male.

Quando crebbe, Horus sfidò suo zio Seth a combattere per vendicare la morte di suo padre. Questo combattimento è stato talvolta interpretato come una battaglia tra lo spirito della luce, personificato come Horus, e lo spirito delle tenebre, personificato come Seth. È anche considerata una lotta per la successione al trono, poiché Horus, figlio del re legittimo, sfidava la pretesa al trono di suo zio. Storicamente, il simbolo della regalità era il falco, e il nome di Horus era legato al re come primo titolo del suo nome reale nel tardo periodo predinastico.

Nella loro battaglia, Horus perse un occhio. Anche Seth fu ferito, e gli dei lo giudicarono il perdente della battaglia. In varie versioni, Seth fu costretto a restituire l'occhio, o, in alternativa, il dio Thoth guarì l'occhio e lo restituì a Horus.

Il simbolo dell'occhio restaurato, noto come utchat, era considerato un potente amuleto. In una versione del mito, Horus diede il suo occhio restaurato a suo padre Osiride, il dio dei morti. Al suo posto, mise un serpente divino, che da allora in poi fu l'emblema della regalità. Horus succedette a suo padre, Osiride, come faraone vivente e re di tutta la terra.

Secondo altri miti, Horus era il figlio della dea della fertilità dalla testa di mucca Hathor, il cui nome significava "casa di Horus". Al calar della notte Horus, sotto forma di falco, volava nella bocca di Hathor, e ogni mattina volava fuori dal suo grembo, rinato.

I quattro figli di Horus giocavano ruoli significativi nei rituali funebri egizi. Facevano la guardia ai vasi canopi che contenevano gli organi interni del corpo mummificato. Questi vasi erano posti vicino alla mummia al momento della sepoltura. La parte superiore di ogni vaso assomigliava al dio che aveva giurisdizione sul contenuto.

La testa umana Amset (chiamata anche Mestha o Imsety) custodiva il fegato della persona morta ed era lui stesso sotto la protezione di Iside. Hapi, dalla testa di babbuino, custodiva i polmoni ed era protetto da Nefti, la sorella di Iside. Duamutef, dalla testa di sciacallo o di cane, custodiva lo stomaco ed era protetto dalla dea Neith (o Net).

Qebsennuf dalla testa di falco sorvegliava gli intestini ed era protetto dalla dea Selket. Questi quattro figli di Horus erano frequentemente rappresentati in scene funerarie; nel Libro dei Morti, le loro figure stanno sopra un loto aperto in presenza di Osiride.

Gli aspetti principali di Horus avevano forme distinte e funzioni ben definite. Si pensa che possano essere stati divinità separate nei tempi antichi, ma che alla fine siano stati fusi in aspetti dello stesso dio. Tra queste forme c'erano Horus come bambino, come uomo, come vendicatore di suo padre, e come dio unito a Re.

Arpocrate (o Har-pe-khrad) era venerato come Horus il Bambino. Spesso era raffigurato come un bambino allattato da Iside. A volte era rappresentato come un ragazzo adolescente nudo con i capelli nella caratteristica calza laterale, che denota la giovinezza. Haroeris (Harwer) era il nome di Horus il Vecchio, o Horus il Grande. Di origine predinastica, questo aspetto di Horus era considerato il figlio di Re e Hathor, o, in alternativa, di Khnum e Heqet.

Harmakhis (Har-em-akhet) aveva la testa di falco e portava la doppia corona dell'Egitto. Questo aspetto di Horus era associato alla battaglia per sconfiggere Seth, il dio della morte e del male. Harsiesis (Har-si-Ese) era associato a Horus come vendicatore di suo padre Osiride ed era adorato nel grande tempio di Idfu.

Fu a Idfu che si credeva avesse avuto luogo la leggendaria battaglia tra Horus e Seth; il mito potrebbe essere nato come un conflitto reale tra fazioni reali durante la seconda dinastia.

I greci equiparavano Harsiesis al loro dio Apollo. Era raffigurato come un umano con la testa di un falco, indossando una doppia corona, brandendo una lama ricurva e tenendo un ankh, il simbolo della vita. Harakhte (chiamato anche Herkhty o Harmachis), o Horus dell'orizzonte, era legato alla Grande Sfinge di Giza. Harakhte era raffigurato come umano con la testa di un falco o di un falco. Questo aspetto di Horus era ritenuto una manifestazione del dio del sole Re.

1. Quale dio è il padre di Horus e perché Horus lo protegge così diligentemente?

2. Quali sono gli altri nomi con cui si chiamano le tue divinità egizie preferite?

3. Se una di queste divinità potesse portare via una persona in un'altra dimensione o in altro modo, chi sceglieresti per vivere nel loro mondo?

Khepri

Scritto anche Khepra, Khepera, Khopri, Kheprer o Chepera.

Il dio del sole del mattino

Khepri era rappresentato come un umano con la testa di uno scarabeo o semplicemente dalla forma dello scarabeo stesso. Khepri rappresenta il potere creativo e di trasformazione del sole. Come sole del mattino, Khepri era considerato un aspetto del dio del sole Re.

Gli antichi egizi notarono che lo scarabeo scarabeo, o scarabeo stercorario, depone le sue uova in una palla di sterco e fa rotolare la palla per terra mentre le uova all'interno si schiudono nelle fasi larvale e ninfa. Dopo 40 giorni i giovani emergono come piccoli coleotteri alati. È possibile che questi coleotteri fossero associati al sole perché volano durante la parte più calda del giorno.

Gli Egizi credevano che il morto Osiride subisse una tale metamorfosi nell'oscurità degli inferi (Duat), e, come gli scarabei emergono dalla materia inerte con un nucleo vivo che si trasforma in vita attiva, Khepri simboleggiava la resurrezione del corpo. Re, come Khepri, faceva rotolare il sole nel cielo in modo simile allo scarabeo stercorario che fa rotolare la sua palla sulla terra.

Lo scarabeo stesso era ritenuto un'incarnazione del dio Khepri, e quindi si credeva che amuleti e ciondoli a forma di scarabeo attirassero il potere e la protezione del dio e assicurassero la rinascita di chi li indossava.

Tali amuleti erano spesso sepolti con il cadavere mummificato per assicurare la rinascita e un passaggio sicuro attraverso gli inferi. Spesso questi scarabei avevano iscrizioni dal Libro dei Morti, una collezione di testi mortuari, incise in essi. Fino all'epoca romana, gli anelli di scarabeo erano noti per essere stati indossati dai soldati romani che andavano in battaglia.

Il culto dello scarabeo era molto più antico in Egitto che il culto di Re. In alcuni miti Khepri stesso è sorto dal caos primordiale, Nun, e ha creato l'universo; in una variante, è Re che ha creato l'universo sotto forma di Khepri.

Attraverso l'unione sessuale con la propria ombra, Khepri generò poi il dio dell'aria Shu e sua sorella Tefnut, dea dell'umidità, da cui discendono gli altri dei.

Domande di ricerca

1. Cosa credono gli egiziani sia importante delle loro divinità e perché ognuno dovrebbe preoccuparsi delle credenze di una cultura sulle sue divinità, se non per imparare e crescere come persona?
2. Sceglireste di associarvi solo con le divinità egizie che avevano a cuore le buone intenzioni per gli esseri umani, o non giudichereste quelli di un tempo in base a come li vediamo oggi?
3. Qual è stata la cosa più interessante che hai imparato oggi o la settimana scorsa studiando questo argomento?

Khnum

Scritto anche Khnemu, Khnoumis, Chnuphis, Chnemu o Chnum.

Un dio della creazione con la testa d'ariete che modellava gli esseri umani sul suo tornio da vasaio

Associato al dio Ptah di Memphis, che si credeva avesse modellato il cielo e la terra su un tornio da vasaio, Khnum era accreditato di aver plasmato il grande uovo cosmico che conteneva il sole e di aver plasmato tutti gli abitanti del mondo sul suo stesso tornio. Il suo nome significa "forgiatore".

Khnum è anche associato alla dea Maat (verità) e a Thoth, lo scriba divino. Il centro del suo culto durante il Nuovo Regno era a Elefantina, la regione che gli antichi egizi credevano fosse la sorgente del fiume Nilo. Khnum era chiamato Signore della Prima Cataratta, e la sua dea compagna, Satet, era adorata ad Elefantina prima di lui.

In origine, Khnum potrebbe essere stato una dea piuttosto che un dio. Si sa che è stato venerato già nel 3000 a.C. Il posto di Khnum nel pantheon si è evoluto nel corso della storia egizia, ma è sempre stato considerato una divinità importante. Il tempio funerario del Nuovo Regno della regina Hatshepsut a Dayr al-Bahri contiene un ritratto del dio Khnum che modella il corpo e l'anima della regina al suo tornio. Fino all'anno 300 la sua immagine appare su papiri e gemme gnostiche.

Domande di ricerca

1. Quali sono i tuoi cinque migliori dei egiziani con potere?
2. Nei miti, la maggior parte delle persone usano gli dei per legittimare il loro dominio e il loro potere sulle persone - perché pensi che ciò sia accaduto?
3. Hai una coppia preferita di divinità egiziane? Perché sono i tuoi preferiti?

Khons

Scritto anche Khonsu, Chunsu, Khuns o Chons.

Un dio della guarigione, della fertilità, del concepimento e del parto

Considerato sia una divinità solare che lunare, anche se più spesso associato a quest'ultima, Khons era il figlio del dio Amon e della dea Mut. Insieme ai suoi genitori, era venerato come parte della triade di Tebe. Era anche considerato un navigatore che attraversava il cielo in una barca, e in questo ruolo Khons era chiamato "il Viaggiatore".

Come figlio di Amon e Mut, Khons aveva un ruolo nella triade tebana equivalente a quello di Nefertem, figlio di Ptah e Sekhmet, nella precedente triade di Memphis. Con i suoi genitori, Khons era raffigurato come un ragazzo nudo con i capelli nella ciocca laterale che caratterizzava la gioventù.

Nella sua forma adulta, Khons era raffigurato come un maschio umano, a volte con la testa di un falco, incoronato con il disco lunare e la luna crescente o con il disco solare e il cobra (ureo). Nelle sue mani teneva tutti i simboli della divinità e del potere per mostrare l'ampiezza del suo dominio.

In un mito, un re di Tebe pregò Khons di salvare la figlia del principe di Bekhten, che era malata perché posseduta da un demone. Il re pregò una statua di Khons, e la statua fece un cenno con la testa per mostrare che avrebbe risposto alla preghiera del re e aiutato la giovane principessa.

La statua fu poi inviata alla città del principe, e Khons costrinse il demone a lasciare il corpo della ragazza. Poi Khons volò di nuovo a Tebe sotto forma di falco.

1. Chi era il dio della scrittura e della misurazione per gli antichi egizi?
2. Quanti dei puoi nominare che avevano un'associazione con un animale specifico?
3. Quali sono i tuoi pensieri sugli dei egizi maschi?

Mont

Scritto anche Ment, Mentu, Menthu, Montu o Munt.

Una divinità solare dalla testa di falco, talvolta considerata un dio della guerra.

Prima dell'ascesa di Amon-Re, Mont, spesso combinato con il dio sole Re, era venerato a Tebe come il dio Mont-Re.

Mont era venerato a Karnak e Hermonthis (Armant) come signore del cielo ed era anche venerato a Idfu e Dandarah (Dendera). A Memphis, in Egitto, era associato al toro sacro di Re.

Mont era di solito raffigurato come un corpo di uomo con la testa di un falco o di un'aquila, con un copricapo di ureo (serpente), disco solare e doppi pennacchi.

Si crede che questa divinità personificasse il calore distruttivo del sole e che gli egiziani pregassero Mont per distruggere i loro nemici in guerra usando le sue lance infuocate.

Domande di ricerca

1. Quale direste che è il più sexy di tutti gli dei egizi maschi?
2. Gli antichi egizi avevano qualche personificazione nei confronti delle loro divinità?
3. Quale strumento si crede sia stato usato dagli Egizi per varie funzioni, tra cui la rimozione delle impurità dall'oro?

Nefertem

Anche scritto Nefertum.

Il dio della creazione mattutina del giorno, associato al fiore di loto

Nefertem era anche il dio dei profumi e degli aromi, poiché la chimica degli oli profumati era una scienza egizia importante e molto sofisticata.

Nefertem, insieme a sua madre Sekhmet e a suo padre Ptah, costituiva la triade di divinità il cui culto era incentrato nella città egizia di Memphis.

Nefertem era simboleggiato dal loto perché in alcuni miti si pensava che il sole emergesse da un fiore di loto ogni mattina e tornasse in un loto di notte. Di solito veniva raffigurato come un maschio umano che indossava un copricapo piumato e teneva uno scettro di loto, una sciabola ricurva o l'ankh, il simbolo della vita.

A volte Nefertem veniva mostrato con la testa di un leone e il corpo di una mummia o in piedi sulla schiena di un leone. Nei testi tardivi era associato a Horus o a Thoth. Il fratello di Nefertem, I-em-hetep (scritto anche Imhotep), che significa "vengo in pace", era anche figlio di Ptah. I-em-hetep era un dio della guarigione e dell'arte della medicina; Nefertem veniva solitamente mostrato con uno zucchetto e con un rotolo di papiro per simboleggiare lo studio e l'apprendimento.

I-em-hetep derivava da una figura storica reale: Imhotep, l'architetto della piramide a gradoni del re Djoser a Saqqārah, era considerato così brillante da essere divinizzato.

1. Chi è il tuo dio egizio maschio preferito?
2. Dove troviamo documenti dell'antico Egitto?
3. Come pensi che fosse il popolo egiziano prima di essere governato dai faraoni?

Iside e Osiride

Dio del sole, dell'agricoltura e della salute. La sua regina è Iside, che è anche sua moglie e sorella

Iside rappresentava la luna, come Osiride il sole, e si credeva che avesse insegnato agli egiziani le arti dell'agricoltura e della medicina. A Iside si attribuiva anche l'istituzione del matrimonio.

Osiride aveva un fratello malvagio, Seth, dio del deserto. Seth indusse Osiride a entrare in una grande cassa, che fu poi chiusa e gettata nel fiume Nilo. Iside recuperò il corpo del marito, ma Seth lo prese e lo fece a pezzi. Iside seppellì i pezzi, e da allora Osiride fu considerato il dio dei morti. Suo figlio, Horus, vendicò l'omicidio conquistando Seth.

Sulla Terra, Osiride prese la forma del toro sacro, Apis. Dai nomi combinati Osiride-Apis venne Sarapis, un altro nome di Osiride. Più tardi Sarapis fu pensato come un dio separato. Osiride era spesso rappresentato avvolto in panni da mummia e con una corona.

Iside era spesso raffigurata con suo figlio neonato, Horus. Iside era anche rappresentata con corna di mucca, poiché la mucca era considerata sacra per lei. Dal VII secolo a.C. il suo culto era il più popolare in Egitto. Nel porto di Alessandria, Iside era considerata la protettrice dei marinai, e da lì il suo culto si diffuse in Grecia e a Roma.

1. Confronta Osiride e Horus: quali sono le principali differenze tra loro e come hanno fatto a diventare entrambi re d'Egitto?
2. Perché Iside è una dea così importante in Egitto?
3. Dimmi qualcosa che rende Osiris semplicemente fantastico?

Ptah

Scritto anche Phthah.

L'architetto cosmico, un dio delle arti, dei mestieri e delle professioni, e un protettore degli artigiani

Ptah è uno degli dei più importanti del pantheon egizio. Era la divinità principale della città di Memphis, e con sua moglie Sekhmet e suo figlio Nefertem, formava la triade degli dei di Memphis.

Nell'arte egizia Ptah era spesso ritratto come una figura maschile barbuta e calva che indossava un berretto stretto e un collare elaboratamente decorato; il suo corpo era avvolto in un indumento stretto che lasciava libere solo le mani. Il menat, il simbolo del piacere e della felicità, pendeva dalla sua nuca.

Ptah sedeva o stava su un piedistallo simbolico di Maat, che rappresentava la verità e la giustizia, e teneva nelle sue mani l'ankh, un simbolo di vita, e lo scettro, un simbolo di potere. A volte veniva mostrato al suo tornio da vasaio. I geroglifici che rappresentavano il suo nome includevano i significati di "aprire", "incidere", "scolpire" e "cesellare". Il nome stesso di Ptah potrebbe aver significato "scultore" o "incisore".

Il principale attributo di Ptah era il suo potere di dare forma ad ogni cosa, ed era chiamato l'Architetto dell'Universo. Egli plasmò gli dei, le città, le province d'Egitto e tutte le cose belle. Secondo un testo, Ptah era il padre di Atum, che più tardi divenne il dio sole Re.

Gli egiziani credevano che Re avrebbe dato origine ai pensieri. Poi il dio dell'intelligenza, Thoth, avrebbe dato parole ai pensieri di Re. Ma era Ptah che dava forma a questi pensieri. Ptah era assistito da Maat, dea della verità e della giustizia, e dal dio Khnemu, che modellava gli uomini sul proprio tornio da vasaio. Ptah era una forza creativa anche nella morte, perché modellava nuovi corpi per le anime dei defunti per abitarli nella Duat (inferi).

Ptah era spesso associato o addirittura fuso con altri dei, in particolare con Osiride e con Seker (scritto anche Soker). Si pensava che Ptah esistesse all'inizio del tempo all'interno di Nun, il caos acquatico primordiale, e che Ptah avesse creato il mondo da quel caos impastando il fango o attraverso la parola.

Ptah era identificato in qualche modo con il toro Apis, che era anche venerato a Memphis. Si pensava che questo toro fosse l'incarnazione di Ptah durante la sua vita, ma quando morì, assunse l'identità del dio Osiride e fu chiamato Serapide.

Si pensava anche che Ptah avesse assorbito le qualità di un dio predinastico chiamato Tenen, e questa forma combinata era di solito rappresentata come un maschio umano con una corona di piume di struzzo, con in mano una scimitarra. Occasionalmente Ptah veniva mostrato con i Sette Saggi, esseri che provenivano dalle lacrime di Re e prendevano la forma di falchi.

I Sette Saggi, insieme a Thoth nel suo ruolo di scriba, governavano le lettere e l'apprendimento. In questi scenari, Ptah era la forza che eseguiva i dettami di queste divinità, dando forma ai loro disegni.

Dopo che l'eresia di Akhenaton fu denunciata e Tutankhamon ripristinò la religione tradizionale, fu dichiarato che tutti gli dei erano in sostanza tre: Amon, Re e Ptah. Durante l'era ramesside, Ptah era ancora molto considerato; tanto che il quarto figlio di Ramses il Grande, Khaemwese, era famoso come il sommo sacerdote di Ptah a Memphis.

Domande di ricerca

1. Chi fu il primo dio egizio maschio?
2. Chi diresti che era il più potente dio egizio? Perché la pensi così?
3. Cosa significa che un dio assume una forma?

Re

Scritto anche Ra o Phra.

Il dio supremo del sole, padre di tutta la creazione nella forma di Atum

Re, come il dio Horus, comprendeva numerosi attributi ed era spesso fuso con altri dei per formare divinità composite come Amon-Re. I faraoni rivendicavano la loro legittimità al trono come discendenti di Re. Il centro del suo culto era la città di Heliopolis, che si trovava a est della moderna città del Cairo, in Egitto.

Re era solitamente raffigurato o come un falco o come un maschio umano con la testa di un falco. Nella sua forma di falco, Re era associato al dio Horus. Il caratteristico copricapo di Re era un disco solare circondato da un ureo, o serpente. In forma umana, tiene l'ankh, il simbolo della vita, nella mano destra, e lo scettro, il simbolo del potere, nella sinistra.

Occasionalmente Re era rappresentato come un leone o un gatto. Come personificazione del sole in declino, il dio era rappresentato come un vecchio appoggiato al suo bastone. Nei testi geroglifici, il suo nome era indicato da un occhio o da un cerchio con un punto al centro.

Re come Atum era il creatore dell'universo, e tutti gli dei che partecipavano alla creazione erano in definitiva ritenuti aspetti di Re. Quando il disco solare di Re sorse dal caos acquoso primordiale di Nun, il tempo stesso iniziò. Re iniziava il suo viaggio ogni mattina, e come il dio dalla testa di scarabeo Khepri viaggiava attraverso il cielo in una barca celeste. Maat, la dea della verità e della legge, che governava la regolarità di tutti i movimenti celesti, terrestri e sotterranei, stabilì la rotta della barca al momento della creazione. La barca del mattino era chiamata Matet (chiamata anche Mantchet o Manjet), il cui nome significava "diventare forte". A mezzogiorno, Re raggiungeva l'apice dei suoi poteri.

Quando il sole cominciò a calare, Re divenne Atum, e al crepuscolo apparve come un vecchio. Nella sua discesa, il dio cavalcava nella barca della sera, Semktet (o Mesektet), il cui nome significava "diventare debole". Continuò il suo viaggio attraverso gli inferi, Duat, per diffondere luce, aria e nutrimento alle anime che vi risiedevano. Abtu e Ant, due pesci, nuotavano davanti alla barca per guidarla lungo il suo percorso torbido.

A Duat, Re unì le sue forze con altre divinità contro gli abitanti del male degli inferi, che erano determinati a ostacolare il percorso della sua barca e quindi a impedire che il sole sorgesse di nuovo il mattino seguente.

Il principale avversario di Re era il malvagio Seth, che prese la forma di un serpente gigante chiamato Apopis e impegnò il dio del sole in battaglia poco prima dell'alba. Altri due demoni, Sebau e Nak, aiutarono Apopis.

I sacerdoti del tempio di Re a Tebe recitavano dei versi rituali che descrivevano questa battaglia del bene contro il male, nella convinzione che ciò aiutasse Re nella sua conquista delle tenebre. Re lanciò un incantesimo su Apopis, legò e smembrò il demone, poi lo bruciò, come il sole disperde le nebbie della notte.

Alla creazione, Re fece i gemelli Shu e Tefnut, rispettivamente aria e umidità, dal suo seme o dal suo sputo. I gemelli a loro volta diedero vita alla dea del cielo Nut e al dio della terra Geb. Dall'unione di Nut e Geb nacquero Osiride, Iside, Seth e Nefti. Insieme queste nove divinità erano chiamate l'enneade eliopolitana (gruppo di nove).

Diversi miti popolari ritraevano Re come un vecchio debole di mente; in uno, Iside ha quasi ottenuto il potere di Re. Re teneva segreto il suo vero nome, rifiutandosi di dirlo a chiunque per paura che il suo potere potesse essere usato contro di lui dai suoi nemici.

Iside capì che se avesse conosciuto questo nome, sarebbe stata sua pari. Iside creò un serpente velenoso dalla polvere mescolata alla saliva di Re. Mise il serpente sul percorso di Re mentre viaggiava nel cielo e lo fece magicamente pungere dal dio del sole. Re fu afflitto dal veleno di questo morso e si ammalò fino alla morte. Iside accettò di curarlo con la sua magia se lui le avesse detto il suo nome segreto. Re lo fece e Iside, fedele alla sua parola, pronunciò un incantesimo che guarì il dio morente. Come aveva previsto, la sua statura tra gli dei fu elevata, anche se non usurpò mai completamente il dio del sole.

In un altro mito, Re, irascibile nella sua vecchiaia, si arrabbiò con l'umanità per avergli disobbedito. Mandò la dea della fertilità dalla testa di mucca Hathor, accompagnata dalla dea delle fiamme dalla testa di leone, Sekhmet, a distruggere il genere umano. Hathor e Sekhmet si godettero il massacro, inzuppandosi di sangue.

 Alla vista della loro frenesia, Re si pentì. Per fermare la distruzione delle dee, inondò la terra di birra tinta con ocra rossa. Pensando che fosse sangue, la bevvero e si inebriarono a tal punto da dimenticare il massacro, e il resto dell'umanità fu risparmiato.

Il faraone della IV dinastia Khafre (o Chephren) fu il primo re conosciuto ad essersi dichiarato figlio del dio Re. Si credeva che ogni volta che la divinità dei faraoni aveva bisogno di essere rafforzata, Re assumeva la forma del faraone e ingravidava la regina. L'erede al trono non solo era considerato un vero figlio del dio ma anche il dio incarnato.

Durante la V dinastia, il culto di Osiride, dio degli inferi, si diffuse verso sud dalla città del Delta di Busiris fino ad Abydos nell'Alto Egitto. I sacerdoti di Re lottarono per mantenere l'autorità del loro dio supremo, ma dalla settima dinastia, Osiride aveva assunto una popolarità superiore a quella di Re.

A Re fu dato un ruolo nel passaggio dei morti e fu raffigurato mentre erigeva scale nelle tombe dei faraoni morti per aiutarli a fuggire dagli inferi.

A partire dalla XII dinastia, Re cominciò a fondersi con Amon, il dio locale di Tebe che dominava l'Alto Egitto. Dopo l'espulsione degli Hyksos da parte di Kamose, un re della XVII dinastia, Re come Amon-Re guadagnò popolarità. Amon-Re era conosciuto come il dio di cui tutti gli altri dei erano aspetti. Più tardi, Amenhotep IV tentò di elevare Aton, il disco del sole stesso, come unico dio. Anche se questa dottrina fu respinta dopo la fine del regno di Amenhotep IV, servì a reindirizzare l'attenzione sulle divinità solari.

Re è stato evocato sulle pareti delle tombe di Seti I e Ramses IV, e durante le dinastie XIX e XX si cantava nei templi di Re una litania che conteneva 75 forme del nome del dio.

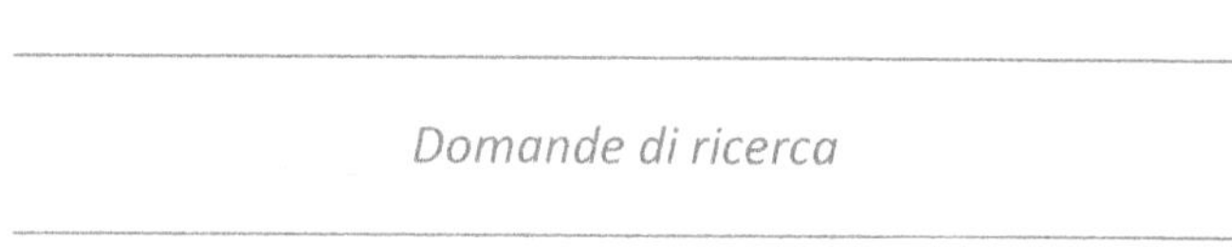

Domande di ricerca

1. Come mai Ra è solo uno dei tanti dei e non IL dio dell'Egitto?
2. Che colori indossa Ra?
3. Le divinità egizie maschili ti sembrano maschili o femminili?

Shu

Si scrive anche Su.

Il dio dell'aria

La moglie e sorella gemella di Shu era Tefnut, dea dell'umidità. Shu e Tefnut insieme produssero due figli, Nut (cielo) e Geb (terra). L'onnipotente dio del sole Re ordinò a Shu di separare la dea del cielo Nut da suo fratello Geb, dio della terra, e Shu tenne eternamente separati i due, creando la luce e lo spazio tra cielo e terra. Shu era venerato come parte di un sistema di divinità nell'antica città egizia di Heliopolis.

Shu era quasi sempre raffigurato come un uomo barbuto che indossava un copricapo composto da una piuma di struzzo (il simbolo di Maat, che rappresentava la verità e la legge) o da diverse piume e teneva uno scettro, simbolo del potere. Spesso Shu veniva rappresentato con i piedi piantati su Geb, la terra, e le braccia alzate che reggevano Nut, il cielo. Si pensava che il nome di Shu significasse "uno che regge".

Secondo un mito, Shu e sua sorella Tefnut furono concepiti unicamente da Re nella sua forma di Atum (Re-Atum). Dopo che Atum si creò da Nun, il caos acquatico primordiale, soffiò Shu e Tefnut dalla sua bocca.

Una storia alternativa identificava la dea dalla testa di mucca Hathor, nel suo aspetto di consorte di Re, come madre di Shu. Shu fu identificato con il titano greco Atlante.

1. Perché pensi che gli dei egiziani si siano estinti ma rimangono importanti per noi oggi?
2. Pensi che le divinità egizie maschili fossero percepite diversamente da quelle femminili, in termini di ruoli di genere per i membri dei rispettivi generi?
3. Tutti gli dei egiziani sono finiti in paradiso?

Sebek

Scritto anche Sobek o Sobk.

Un dio associato non solo alla morte e agli inferi ma anche - come aspetto del dio onnipotente Re - alla vita eterna per i puri di cuore

Sebek era solitamente raffigurato come un uomo con la testa di un coccodrillo, coronato dal disco solare e dal cobra (ureo) o da pennacchi e da un paio di corna. Il coccodrillo vivente era considerato l'incarnazione di Sebek, e nei suoi templi l'animale era adorato e consultato come oracolo.

Secondo i testi delle piramidi dell'Antico Regno, nella Duat (inferi) il cuore dei morti era in equilibrio contro la piuma di Maat, la verità o la legge.

Coloro che fallivano questa prova venivano distrutti per sempre e gettati alla dea Ammit dalla testa di coccodrillo, che li divorava. Ma il ruolo di Sebek era sia positivo che negativo, significando che la morte poteva portare ad una nuova vita eterna.

Sebek giocava un doppio ruolo come protettore e minaccioso distruttore nei miti egizi. Era considerato sia il nemico che l'amico di Osiride, dio del Duat. Secondo un racconto, dopo che Seth aveva ucciso Osiride, Sebek portò il dio morto sulla terra e lo riportò alla dea Iside.

I Testi delle Piramidi raccontavano che Sebek aiutava i morti restituendo loro la vista e altre facoltà e li aiutava nella lotta contro Seth. Secondo alcuni racconti, Sebek divenne un protettore del dio Horus quando era un bambino e lo guidò attraverso le paludi, dove Iside lo aveva nascosto dall'assassino di suo padre. Ma in un'altra versione del mito, Sebek era rappresentato come una versione del coccodrillo che era allineato con Seth, e Iside dovette mettere Horus in un'arca di canne di papiro intrecciate per proteggerlo da Sebek, che cercò di trovare e uccidere il bambino.

Storicamente, quando il fiume Nilo era basso, i coccodrilli selvaggi vagavano per le fertili terre d'Egitto, minacciando la popolazione. Così l'animale divenne logicamente un simbolo di paura e distruzione. Nella raccolta di testi mortuari intitolata il Libro dei Morti, i coccodrilli sono tra le bestie che minacciano l'anima morta.

L'aspetto benefico del coccodrillo e la sua associazione con Re sembra essere uno sviluppo religioso successivo. In alcune parti dell'Egitto, il coccodrillo continuò ad essere ucciso, in particolare per sport dalla nobiltà. In altre parti era considerato un custode sacro dell'Egitto.

Il centro del culto di Sebek era Krokodilopolis, dove il coccodrillo sacro veniva nutrito in un lago sacro, veniva addomesticato e veniva adornato con braccialetti sulle zampe anteriori. Veniva nutrito con pane, carne e prelibatezze, inclusi dolci fatti con miele e latte, e gli veniva dato da bere vino.

Dopo la morte veniva imbalsamato, mummificato e sepolto con grande rituale. Sebek era anche venerato, insieme a Horus il Vecchio, nel grande tempio di Kom Ombo nell'Alto Egitto.

1. Quale dio egizio maschio è il più figo?
2. Queste divinità maschili avevano una famiglia propria, come mogli e figli?
3. Come mai l'antico Egitto è dominato dagli uomini?

Thoth

Chiamato anche Djehuti, Djhuty, Dhouti, Zehuti, Tahuti, Zhouti, Techa o Thout.

Thoth è il dio dalla testa di ibis della saggezza, dell'intelligenza e della magia

I greci identificavano Thoth con il loro dio Hermes e credevano che fosse la fonte di tutta la saggezza conosciuta dall'umanità. I greci alessandrini lo identificavano come il mago Hermes Trismegistos ("il tre volte grande").

Thoth era una delle prime divinità egizie. Come scriba degli dei, era associato alla parola, alla letteratura, alle arti e all'apprendimento. Come misuratore e registratore del tempo, era associato alla luna.

Thoth fu accreditato come l'inventore delle scienze e dei geroglifici e fu ritenuto dagli egiziani l'autore della loro collezione di testi mortuari intitolata Libro dei Morti. Il centro del culto di Thoth era la città di Hermopolis nell'Alto Egitto.

Thoth era solitamente raffigurato come una figura umana maschile con la testa di un ibis, un uccello acquatico dal becco curvo originario della regione del fiume Nilo. A volte era rappresentato solo dall'ibis. Thoth era occasionalmente raffigurato come una scimmia dalla testa di cane o un babbuino seduto con la luna crescente sulla testa. In linea con i suoi molti attributi, era raffigurato con una varietà di simboli.

Come dio dell'Egitto, Thoth portava l'ankh, il simbolo della vita, in una mano, e nell'altra teneva uno scettro, il simbolo del potere. Nel Libro dei Morti, era mostrato con una tavolozza per scrivere e una penna di canna per registrare le gesta dei morti.

Come voce del dio sole Re, portava l'utchat, o occhio di Re, il simbolo del potere onnipresente di Re. Thoth è stato variamente raffigurato con una mezzaluna sul copricapo, la corona di Atef, o la corona dell'Alto e Basso Egitto.

Thoth emerse dalle acque primordiali di Nun contemporaneamente a Re e non nacque da Re come gli altri dei. Thoth serviva come voce di Re. Mentre pronunciava le parole di Re, i desideri del dio del sole si realizzavano. Re concepì il mondo, ma fu Thoth a pronunciare le parole che lo crearono.

In questa veste, Thoth era la personificazione della parola divina. Nei miti egizi della creazione, Thoth era legato a Khnum, Maat e Ptah, così come all'Ogdoad, quattro coppie di divinità oscure della creazione di Hermopolis che rappresentavano l'emergere delle forme di vita sulla terra dal fango. Queste divinità avevano la testa di rane e serpenti e rappresentavano la notte, la segretezza, l'oscurità e l'eternità. Thoth era considerato il loro maestro.

Gli Egizi credevano che Thoth, come dio della luna, sorvegliasse il cielo notturno mentre Re viaggiava negli inferi. In altri miti, Thoth si univa a Re nella battaglia notturna contro i poteri dell'oscurità e del male, in modo che il sole potesse sorgere di nuovo al mattino.

I consigli e l'intervento di Thoth sono menzionati in numerosi miti, nei quali egli mostra invariabilmente saggezza e compassione. Fu Thoth a dare alla dea Iside le parole dell'incantesimo che avrebbe riportato in vita il suo marito morto, Osiride, e protetto suo figlio, Horus. Thoth giudicò la battaglia tra Horus e Seth, restaurò l'occhio perduto di Horus, e diede a Iside la testa di una mucca dopo che era stata decapitata.

Thoth aveva un ruolo importante negli inferi, o Duat. Come scriba di Maat, registrava il giudizio dell'anima di ogni persona. Era Thoth che conosceva l'incantesimo che avrebbe aperto le porte di Duat e permesso all'anima di entrare protetta.

Originariamente un dio della creazione, Thoth fu poi accreditato con la fondazione di pratiche civili e religiose e l'invenzione della scrittura.

Thoth era considerato il creatore di tutte le scienze e le arti e si diceva che avesse fondato tutte le strutture civili, compresa la religione e il governo. Contava e misurava tutto in cielo e in terra, comprese le stelle.

Come raffigurato nell'arte egizia, Thoth presiedeva alla registrazione delle gesta dei re egizi. Nei rituali dei sacerdoti, Thoth presiedeva ai loro incantesimi magici.

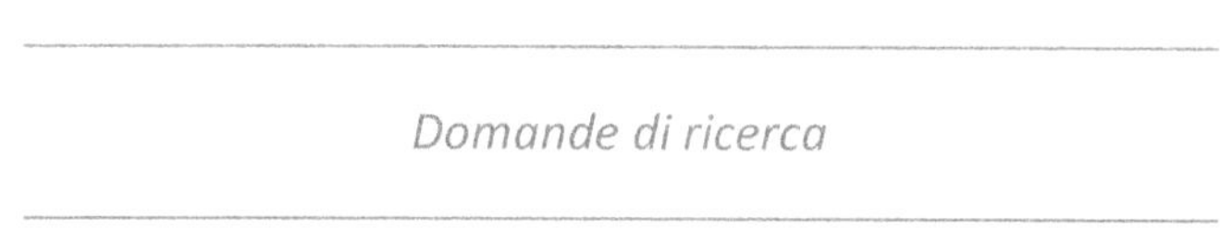

Domande di ricerca

1. Perché alcuni di questi dei non interagiscono bene tra loro?
2. Se potesse pensare a un qualsiasi dio egizio maschio con cui governare il mondo, chi sarebbe?
3. Qual è la cosa più attraente di questo dio egiziano?

Dea femmina

Bastet

Scritto anche Bast, Pasht o Ubastet

Una dea dalla testa di gatto associata alla musica e alla danza, alla protezione contro le malattie e gli spiriti maligni, e alla sicurezza delle donne incinte

Il centro del suo culto era nella città egiziana di Bubastis, nella regione orientale del delta del fiume Nilo, dove, si dice, il suo tempio era al centro della città e la sua torre poteva essere vista da qualsiasi punto della città.

In generale, i gatti erano tenuti in grande considerazione nell'antica cultura egizia. Lo storico greco Erodoto osservò che quando scoppiava un incendio in una casa egiziana, la gente si preoccupava più di salvare i gatti che di spegnere il fuoco. Quando un gatto moriva, coloro che vivevano nella casa si radevano le sopracciglia in segno di lutto.

Bastet, di origine molto antica, potrebbe essere stata inizialmente concepita come un leone piuttosto che come un gatto addomesticato, ma questo non è certo; divenne nota come "il piccolo gatto", mentre la dea dalla testa di leone Sekhmet divenne nota come "il grande gatto". Sia

Bastet che Sekhmet erano legate al dio Ptah di Memphis, in Egitto. Bastet era associata al potere benefico e riscaldante del sole, mentre Sekhmet era associata al potere infuocato e distruttivo del sole.

Si pensava che l'aspetto negativo di Sekhmet avesse la stessa relazione con la più positiva Bastet che la dea Nephthys aveva con sua sorella Iside. Occasionalmente Bastet è anche identificata con la dea Hathor dalla testa di mucca. Bastet è talvolta considerata la madre del figlio di Ptah, Nefertem, dio dei profumi, ma più spesso questa attribuzione viene data a Sekhmet.

Nell'arte egizia Bastet è di solito rappresentata come una donna con una testa di gatto, che tiene un sistro nella mano destra, simbolo della sua associazione con la musica, e uno scudo nella mano sinistra con il volto di un gatto o di una leonessa.

A volte Bastet era fusa con Sekhmet e il dio del sole Re in una divinità chiamata Sekhmet-Bastet-Re, e questa divinità, chiaramente associata al potere del sole, era rappresentata come un corpo femminile con una testa umana maschile e due teste di avvoltoi che spuntavano dal suo collo. Aveva ali sulle braccia e gli artigli di un leone.

La festa di Bastet a Bubastis, che si teneva in aprile e maggio, era tra le più popolari in Egitto, celebrata con banchetti e bevute di vino e con canti e danze che si svolgevano su chiatte lungo il Nilo. Si dice che più di 700.000 persone partecipavano al festival ogni anno.

I gatti morti venivano reverentemente imbalsamati, mummificati e sepolti con grande cerimonia in una necropoli presso il tempio di Bastet. Durante il periodo della festa, il faraone si asteneva dal cacciare i leoni per rispetto alla dea. Gli antichi greci equiparavano Bastet alla loro dea Artemide.

Domande di ricerca

1. Come potrebbe il mondo imparare dalle dee egizie?
2. Gli antichi egizi hanno mai smesso di adorare i loro dei?
3. Quale delle divinità egizie femminili ammira di più e perché?

Hathor

Si scrive anche Athor.

La dea dell'amore, della fertilità, della bellezza, della musica e dell'allegria

Hathor era rappresentata o come una mucca o come una donna con corna di mucca con il disco solare annidato tra di esse. Il culto predinastico delle mucche può aver dato origine alla figura di Hathor, una delle più antiche divinità conosciute dell'Egitto.

Il nome di Hathor significa "casa di Horus", riferendosi a un mito in cui Hathor, come una mucca, stava sulla terra in modo che le sue quattro gambe diventassero pilastri che sostenevano il cielo mentre il suo ventre formava il firmamento.

Horus, il dio del cielo, entrava nella sua bocca ogni sera sotto forma di falco e ne usciva rinato ogni mattina. A causa di questo mito, Hathor era talvolta considerata la madre di Horus. Più tardi, Hathor fu considerata come la moglie di Horus.

Il loro figlio Harsomtus, chiamato anche Ihy o Ahy, era adorato durante il periodo tolemaico come un dio della musica. Sia Hathor che suo figlio erano spesso rappresentati con in mano un sistro, uno strumento a sonagli che si credeva potesse respingere gli spiriti maligni.

Negli inferi, conosciuti come Duat, Hathor forniva nutrimento spirituale alle anime dei morti. Sebbene le sue qualità nutritive la rendessero simile a Iside e ad altre dee madri, essa rappresentava anche la distruzione. Secondo un mito, il dio del sole Re, nella sua vecchiaia, decise di punire la disobbedienza del genere umano e designò Hathor come flagello.

La dea cominciò a macellare con tanto fervore che Re si pentì un po' e decise che non tutto il genere umano doveva essere punito. Gli altri dei inondarono i campi con una bevanda inebriante tinta con ocra rossa. Hathor bevve la birra, pensando che fosse sangue, e si inebriò così tanto che cessò il suo compito.

I santuari di Hathor erano comuni in tutto l'Egitto, ed era una delle divinità adorate a Heliopolis. Il suo tempio principale era a Dandarah (Dendera). La più importante delle molte feste del tempio era la celebrazione della nascita di Hathor, che aveva luogo all'avvento del nuovo anno. La festa era un'occasione di baldoria sfrenata in onore della dea dell'allegria. I greci identificavano Hathor con la loro dea Afrodite.

Domande di ricerca

1. Chi diresti che è la più potente delle divinità egizie femminili?
2. In che modo Hathor è diverso dalle altre divinità egizie?
3. Chi è il tuo dio egizio preferito e quali storie fantastiche hai imparato su di loro?

Heqet

Scritto anche Heqtit o Hekt.

Una dea dalla testa di rana che personifica la generazione, la nascita e la fertilità

Heqet era a volte raffigurato con il corpo di una rana, e gli amuleti di rana erano comuni nell'antico Egitto come portafortuna per la fertilità.

Heqet ha anche probabilmente avuto un ruolo nel mito della rinascita del dio Osiride, poiché è stata raffigurata come presente alla sua mummificazione, seduta su un piedistallo ai piedi della sua bara.

Il culto della rana era uno dei culti più antichi in Egitto. Si pensava che gli dei e le dee rane avessero avuto un ruolo vitale nella creazione del mondo. Appena prima dell'inondazione annuale del fiume Nilo, le rane apparivano in gran numero, probabilmente portando alla loro associazione con la fecondità e con l'inizio della vita nel mondo.

L'Ogdoade ermopolitana consisteva in quattro coppie di divinità primordiali molto antiche che rappresentavano la notte, l'oscurità, l'eternità e la segretezza e le loro dee corrispondenti. Questi dei erano tutti raffigurati con la testa di rana, mentre le loro controparti femminili erano raffigurate con la testa di serpente.

Heqet era menzionato nei "Testi delle Piramidi" dell'Antico Regno e si pensava variamente che fosse una forma della dea Nut o della dea Hathor.

Potrebbe essere stata originariamente la controparte femminile del dio della creazione con la testa d'ariete Khnum, che ha modellato la forma degli esseri umani sul tornio del vasaio, o del dio coccodrillo Sebek-Re di Kom Ombo.

Si dice che Heqet fosse anche presente al concepimento della regina Hatshepsut nel suo ruolo di dea della nascita, assistendo alla scena mentre Khnum formava il corpo di Hatshepsut sul suo tornio da vasaio.

1. Quale dea egizia sarebbe la persona migliore da frequentare ad Halloween?
2. Cosa pensi che il tuo dio egizio femminile preferito faccia per divertirsi?
3. Cosa possiamo imparare dal modo in cui le donne erano rappresentate nell'antico Egitto come divinità?

Maat

Scritto anche Mayet, Maa, Maet, Maht, Maut.

La dea della verità, della legge, della giustizia e dell'armonia ed è la personificazione dell'ordine cosmico

Antica divinità di origine predinastica, Maat era la figlia del dio del sole Re e si credeva che fosse sorta con Re stesso dal caos primordiale di Nun. Maat originariamente determinava il corso giornaliero del sole. Il suo dominio si estendeva ad ogni angolo dell'universo. Il suo nome significa "dritto" e implicava tutto ciò che era genuino, reale o vero.

In qualità di dea dell'ordine divino, Maat era anche associata agli dei della creazione Thoth, Ptah e Khnum. Può essere considerata come la controparte femminile di Thoth. Una divinità auto-creata, Maat stava con Thoth nella barca di Re quando si alzò per la prima volta sopra le acque primordiali di Nun. Come collegamento tra la religione e l'ordine sociale, Maat influenzò ogni aspetto della vita altamente strutturata dell'antico Egitto.

Maat era solitamente raffigurata sotto forma di una donna che indossava un copricapo di un singolo pennacchio di struzzo. La simmetria del pennacchio potrebbe aver simboleggiato l'uguaglianza e l'equilibrio. In

Duat, il mondo sotterraneo, la Sala del Giudizio (chiamata anche Sala di Maati) era il suo regno, dove veniva spesso mostrata raddoppiata. Il raddoppio può aver simboleggiato l'unione dell'Alto e Basso Egitto.

Come Thoth, Maat aveva un ruolo centrale nel giudizio dei morti in Duat. Come mostrato nella raccolta di testi mortuari intitolata il Libro dei Morti, la sua piuma era posta in un piatto della bilancia usata per pesare l'anima del morto.

Thoth teneva un registro delle procedure. Maat presiedeva anche i 42 assessori che dovevano approvare il passaggio prima che il defunto potesse essere introdotto alla presenza di Osiride, dio degli inferi, e iniziare la vita eterna.

Durante il periodo tolemaico e romano, i giudici egiziani portavano al collo amuleti di Maat come emblemi di giustizia e verità.

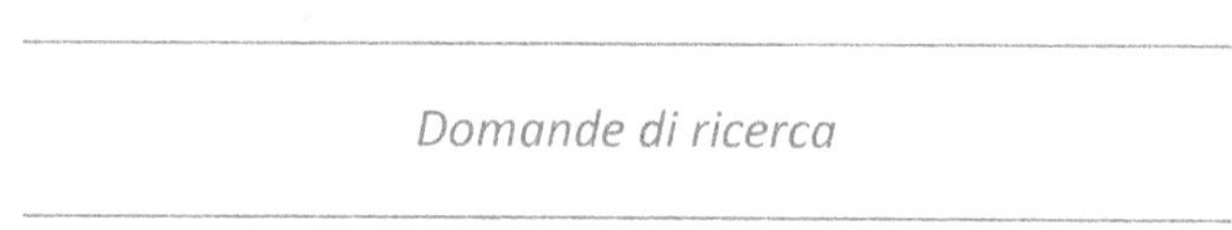

Domande di ricerca

1. Come pensi che gli antichi egizi definissero una divinità come bella? C'è una caratteristica specifica che potrebbero attribuirle per farla sembrare più attraente o accattivante?
2. Tutte le divinità femminili sono imparentate tra loro?
3. C'era una sfinge o un grande gatto che aveva la testa di una donna attraente come hanno alcune dee?

Mut

Si scrive anche Maut.

Una dea madre dalla testa di avvoltoio, moglie del grande dio Amon e madre di Khons

Amon, Mut e Khons costituivano la triade divina a Tebe. Amon era spesso ritratto con la sua consorte Mut al suo fianco. A volte era raffigurata come il corpo di un avvoltoio, come una donna con la testa di un avvoltoio, o come una donna che indossava un copricapo di avvoltoio e le corone unite dell'Alto e Basso Egitto.

A volte Mut veniva mostrata in piedi con le braccia alate distese. Nelle sue mani teneva l'ankh, il segno della vita, e uno scettro di papiro, e ai suoi piedi c'era la piuma di Maat, che rappresentava la verità.

Le regine egizie portavano il simbolo dell'avvoltoio sulla loro corona. Si pensa che l'avvoltoio sia stato adottato come simbolo della maternità divina perché l'avvoltoio era noto per essere particolarmente coscienzioso e protettivo nei confronti dei suoi pulcini e perché gli egiziani credevano che l'avvoltoio si riproducesse con il potere della partenogenesi, senza bisogno di maschi.

Mut in origine potrebbe essere stata la controparte femminile delle acque dell'abisso primordiale, personificata come il dio Nun, ma in seguito fu associata ad Amon. Quando lo status di Amon crebbe nel Nuovo Regno, e fu consolidato con il dio Re come Amon-Re, lo status di Mut crebbe di conseguenza.

Gli adoratori di Amon-Re cominciarono a considerarlo la divinità principale, di cui gli altri dei erano in realtà aspetti. Anche Mut seguì questa tendenza, e fu considerata la personificazione dell'unica grande dea; come tale tutte le dee, comprese Hathor, Sekhmet, Iside, Bastet, Nekhbet e Nut, erano considerate aspetti di lei.

Quando Amon-Re veniva ritratto con ogni tipo di attributo animale e umano per indicare la sua statura di dio onnicomprensivo, anche Mut veniva ritratta con una molteplicità di attributi; occasionalmente veniva persino mostrata come un uomo con un pene e gli artigli di un leone.

Il centro del culto di Mut, come quello di Amon-Re, era a Tebe, dove un grande tempio dedicato alla dea fu costruito durante il regno di Amenhotep III (1390-53 a.C.).

Un viale di sfingi conduceva a questo tempio, che si trovava a sud del santuario di Amon-Re. Il tempio di Mut era elaborato e conteneva persino un lago artificiale sacro a forma di ferro di cavallo. Il suo santuario a Tebe fu un centro religioso attivo per 2.000 anni.

Domande di ricerca

---

1. Queste divinità sono state rappresentate in modo diverso dagli umani, o solo con vestiti e caratteristiche più belle?
2. Cosa faresti se un dio egiziano ti sfidasse a una partita a carte?
3. Chi è la tua dea egizia preferita e come pensi che abbia contribuito alla società?

Neith

Si scrive anche Net o Nit.

Una dea della creazione, della saggezza e della guerra, talvolta ritenuta la madre del grande dio del sole Re, e associata a Thoth, il dio dell'apprendimento e dell'intelligenza

I greci identificavano Neith con la loro dea Atena.

Neith è una dea di origini molto antiche. In alcuni testi si dice che Neith si sia autocreata, la "grande signora" che ha dato vita a Re e che ha fatto nascere se stessa nei tempi primordiali. Neith era la divinità patrona della città di Sais, sul delta del fiume Nilo.

Neith era solitamente raffigurata con in mano due frecce e un arco. A volte il suo copricapo era la corona del Basso Egitto, il segno del suo nome, o due frecce incrociate. In un'altra veste, durante i tempi dinastici, era raffigurata come una donna con un coccodrillo che allattava ad ogni seno, forse indicando che aveva il potere di dare la vita sul fiume Nilo.

Gli attributi di Neith suggeriscono che originariamente era uno spirito del legno. A giudicare dai primi testi, il suo culto era diventato molto generale in tutto l'Egitto. Era certamente adorata durante la prima dinastia, e secondo alcuni studiosi, il fatto che il suo nome formasse una componente dei nomi reali molto presto nella prima dinastia indicava che il suo culto risaliva alla prima metà del periodo arcaico.

Neith era citata come dea di Sais nella collezione di opere mortuarie intitolata Pyramid Text. Nei testi successivi appare in Duat (gli inferi) come dea protettrice di Duamutef, uno dei quattro figli di Horus che erano rappresentati sui vasi canopi come guardiani del contenuto del vaso, che erano gli organi interni di una mummia.

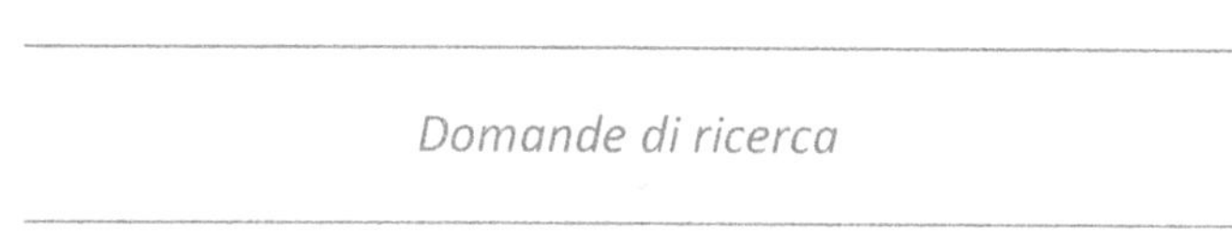

Domande di ricerca

1. Chi erano due delle dee più potenti della mitologia egizia, e chi potrebbero essere o sono le loro controparti?
2. Qual è un malinteso comune su come venivano rappresentate le divinità femminili nella religione egizia?
3. Perché pensi che entrambi i sessi (maschio e femmina) fossero venerati dagli antichi egizi?

Nekhbet

La dea incoronata dell'Alto Egitto e patrona del parto

Nekhbet era solitamente raffigurata come una donna che indossava un copricapo di avvoltoio e la corona bianca dell'Alto Egitto o come un avvoltoio stesso. Nekhbet insieme a sua sorella, Wadjet (Uadjit, Utatchet, o Buto), la dea incoronata del Basso Egitto, costituiva l'entità conosciuta come le Due Signore d'Egitto.

L'Alto Egitto, la parte meridionale del paese, più vicina alla sorgente del Nilo, era simboleggiato dall'avvoltoio. Il Basso Egitto, la parte settentrionale del paese che comprendeva la regione del delta dove il Nilo sfociava nel Mar Mediterraneo, era simboleggiato dall'ureo (cobra).

Quando l'Alto e il Basso Egitto furono uniti, questi simboli insieme formarono una corona composita indossata da tutti i governanti d'Egitto in seguito, e le Due Dame talvolta personificarono questa unione.

Il titolo, Due Dame, fu aggiunto all'elenco dei nomi reali durante la I dinastia. Le Due Signore potrebbero anche essere state associate alle dee sorelle Iside e Nefti, con Nekhbet che è una forma di Nefti e Wadjet che è una forma di Iside.

In molte iscrizioni le Due Signore erano raffigurate sedute su cesti in prossimità del cartiglio del re. Erano anche raffigurate con un disco alato.

1. Qual è stato il suo ruolo preferito di una divinità femminile nella mitologia egizia?
2. Quale dea vorresti che ti rappresentasse se fossi egiziano?
3. Quali sono alcuni dei miti più noti sulle divinità femminili nell'antico Egitto?

Nephthys

Nefti non è solo una dea della morte, della decadenza e dell'oscurità, ma anche una maga con grandi poteri di guarigione

Nefti è la forma greca di Nebt-het o Nebhet, che significa "signora della casa".

Era la figlia di Re e Nut, la sorella-moglie del dio malvagio Seth, e la sorella di Iside e Osiride. Era anche la madre di Anubi, il dio dell'imbalsamazione con la testa di sciacallo.

Nefti era di solito raffigurata come una donna con un copricapo composto da un disco e un paio di corna, in piedi sotto il geroglifico del suo nome.

Appariva spesso nell'arte funeraria con le braccia alate distese, in piedi accanto a sua sorella Iside. Nelle collezioni di testi mortuari intitolate il Libro dei Morti e i Testi delle Piramidi, Nefti era raffigurata come una dea che aiuta e protegge i morti nel loro passaggio attraverso la Duat, o gli inferi.

Nefti era una dea complessa. A volte era associata a suo marito-fratello Seth, ma a differenza di lui aveva sia aspetti positivi che negativi, in particolare la sua capacità di guarire i malati. Più spesso, era accoppiata con la sua sorella più conosciuta, Iside.

Nefti era considerata il lato oscuro o negativo di Iside, come Seth era il lato oscuro di suo fratello Osiride. Come Iside, si credeva che Nefti avesse un grande potere attraverso la sua conoscenza delle parole sacre e degli incantesimi. Conosceva incantesimi che potevano resuscitare i morti e tenerli lontani dal male.

Nefti fu appellata come Signora degli Dei, Signora della Vita, Signora del Cielo, Signora delle Due Terre e Grande Dea. A volte era anche associata al dio della fertilità Min. Con ogni probabilità era un'antica dea madre predinastica che più tardi venne unita a Iside, Osiride, Seth e Horus sotto la genealogia del dio sole Re.

Secondo il mito, Nefti non ebbe figli da suo marito-fratello Seth. Lo lasciò e sedusse con l'inganno l'altro fratello, Osiride, nonostante fosse sposato con sua sorella Iside. Nefti concepì così suo figlio, il dio dalla testa di sciacallo Anubi.

Più tardi Seth uccise e smembrò Osiride. Nefti pianse il dio perduto insieme a Iside, e la loro amicizia fu ripristinata; a causa di questo mito, Nefti e Iside divennero note come le Sorelle Piangenti. Nefti aiutò poi Iside a trovare e raccogliere le parti sparse del corpo di Osiride. Insieme prepararono il letto funebre per lui e fecero il panno funebre.

Nefti era associata al rituale della sepoltura perché lei e Iside fungevano da guardiani della testa e dei piedi della bara. Nei Testi delle Piramidi era raffigurata come amica del defunto, e nel Libro dei Morti stava dietro Osiride mentre il cuore del morto veniva pesato nella Grande Bilancia. Nefti ha promesso di proteggere i puri di cuore per sempre.

Domande di ricerca

1. Se qualcuno di noi volesse diventare una Dea Egizia, di quali strumenti avremmo bisogno e come faremmo?
2. Ci sono altre influenze che possono essere venute da questa divinità femminile?
3. Che ruolo avevano gli dei egiziani nell'antica società egiziana?

Nut

La dea del cielo, e consorte del dio della terra Geb, suo fratello gemello

Come dea del cielo, Nut ingoiava il sole la sera e lo faceva nascere di nuovo al mattino.

Nut era solitamente raffigurata come una gigantesca donna nuda il cui corpo, a volte tempestato di stelle, abbracciava il cielo, mentre le sue gambe allungate e le braccia tese simboleggiavano i quattro pilastri del firmamento. Il dio dell'aria Shu la sosteneva sopra Geb. Lo scarabeo, simbolo del sole del mattino, era talvolta mostrato con lei.

In alternativa, Nut era rappresentata come una donna che portava un vaso d'acqua sulla testa o indossava un copricapo di corna e il disco solare. Era spesso ritratta con in mano un ankh, il simbolo della vita, e una bacchetta di papiro.

Come Hathor, Nut era associata al sole che sorge e tramonta. Secondo una credenza, la sera il sole entrava nella bocca di Nut e passava attraverso il suo corpo per nascere dal suo grembo il mattino seguente. In un mito, Nut era la consorte del dio del sole Re, che si arrabbiò con Nut e Geb per aver avuto rapporti sessuali tra loro. Ordinò al dio dell'aria Shu di separare gli amanti.

Il dio della saggezza, Thoth, si dispiacque per Nut e Geb e creò cinque giorni extra nel calendario non soggetti alla maledizione di Re. Secondo la maggior parte dei miti, durante questo periodo, Nut partorì quattro figli: Osiride, Seth, Iside e Nefti. Gli adoratori di Nut coltivavano il suo albero sacro, il sicomoro, a Heliopolis, antica sede del culto del sole.

Domande di ricerca

1. Pensi che a un certo punto della storia sarebbero state venerate più divinità femminili se le donne avessero avuto un ruolo paritario nella società?
2. Cosa ne pensi della teoria secondo cui le divinità egizie sono in realtà basate sulle mucche mediorientali - e il loro insolito successo deriva in parte dall'adesione a un antico culto del bestiame?
3. Quale delle dee egizie sarebbe la migliore amica nel 2020?

Renpit

Una dea che personifica il passaggio dell'anno e, di conseguenza, la misura del tempo

Il ruolo di Renpit era simboleggiato dalla pianta di palma, che produce regolarmente e prevedibilmente nuove fronde. Renpit era solitamente raffigurata come una donna che portava un germoglio di palma sulla testa o ne portava uno in mano, ed era associata al dio Thoth e alla dea Ma'at.

Domande di ricerca

---

1. Le diverse culture (egiziana, greca, ecc.) condividevano miti sulle divinità femminili o tutte le culture erano ugualmente rispettose del potere femminile (o della sua mancanza)?
2. Cosa le piace di più di questa particolare dea?
3. Perché la gente dovrebbe pregare queste dee?

Sekhmet

La dea del fuoco (o del sole) dalla testa di leone associata alla guerra, alla pestilenza e alle fiamme

Sekhmet era la moglie di Ptah, l'architetto cosmico, e la madre di Nefertem e I-em-hetep (scritto anche Imhotep). Sekhmet, Ptah e Nefertem erano venerati come una triade di divinità nella città di Memphis.

Sekhmet era solitamente raffigurata o come una donna con la testa di una leonessa o interamente come una leonessa. Occasionalmente, tuttavia, veniva ritratta come una divinità maschile. Per simboleggiare il suo ruolo di dea del fuoco, le sue statue erano spesso scolpite in roccia ignea come il basalto o il granito.

Il carattere di Sekhmet incorporava sia gli aspetti benefici che quelli distruttivi del fuoco, e per estensione era una dea che poteva guarire i malati o diffondere le malattie. Come dea della guerra, era abile a incutere paura ai suoi nemici. Nel suo aspetto benefico, si fondeva con la dea dalla testa di gatto Bastet, che personificava il potere fertilizzante del sole e proteggeva gli uomini dalle malattie. La relazione tra Sekhmet e Bastet poteva essere un parallelo alla relazione tra le dee sorelle Nefti e Iside.

"

Sekhmet era anche spesso associata alla dea della fertilità dalla testa di mucca Hathor. Secondo un mito, il dio del sole Re ordinò a Hathor di distruggere l'umanità per la sua disobbedienza. Sekhmet la accompagnò, e nel suo feroce calore distruttivo divenne nota come l'Occhio di Re.

Il loro massacro congiunto fu così grave e sanguinoso che Re si pentì. Riuscì a fermare Hathor e Sekhmet dall'uccidere gli umani rimasti solo facendo ubriacare Hathor e Sekhmet di birra tinta con ocra rossa, che bevvero perché credevano fosse sangue.

Si è ipotizzato che questa storia riflettesse qualche antico rituale di sacrificio di sangue, ma non è mai stata scoperta alcuna prova fisica di questo tipo di pratica nell'Egitto predinastico. Sekhmet condivideva molti aspetti comuni con la dea indù Kali e l'antica dea mediorientale Astarte.

---

1. Cosa significa "Sekhmet" nell'Antico Egitto, secondo alcuni studiosi antichi si traduce vagamente in "quello che prevale". Ma cosa significa in realtà?
2. Nella mitologia di quale cultura le divinità femminili non sono comuni?
3. Perché pensi che ci siano così tante dee nell'antico Egitto, nonostante il fatto che siano state discriminate per così tanto tempo?

Selket

Scritto anche Selkit, Serqet, Selqet, Selquet e Selkis.

Una dea dalla testa di scorpione, protettrice del giovane dio Horus e compagna devota di sua madre, la dea Iside

Selket era anche associato alla protezione dei morti e delle loro viscere. Selket era solitamente raffigurata come una donna con una testa di scorpione o una testa umana sormontata da uno scorpione e talvolta come uno scorpione con una testa di donna. Le sue braccia sono alate e spesso distese in un gesto di protezione. Selket era spesso raffigurato sulle pareti delle tombe.

Lo scorpione è noto per la sua cura zelante dei suoi piccoli, il che può spiegare l'associazione del giovane Horus con questa dea. Poiché lo scorpione era sacro a Iside, gli egiziani credevano che gli adoratori di Iside non sarebbero mai stati punti da uno scorpione.

Domande di ricerca

1. Quali altre discussioni simili possono essere influenzate da questa nuova attenzione alle divinità femminili attraverso le culture e le religioni di varie forme di religione e regioni culturali del mondo?
2. Dove si possono trovare altre informazioni sulle divinità femminili nell'antico Egitto?
3. Perché pensi che sia importante studiare queste divinità femminili?

Tefnut

Anche scritto Tefenet.

La dea dell'umidità e delle precipitazioni

Tefnut era la sorella gemella e la controparte femminile del dio dell'aria Shu. Tefnut era una prima divinità predinastica ed era adorata come parte di un sistema di divinità nell'antica città egizia di Heliopolis.

Tefnut era solitamente raffigurata come una donna con la testa di una leonessa. Sulla sua testa portava il disco solare, il cobra (ureo), o una combinazione dei due. Sebbene fosse associata a Shu e i due fossero i genitori della dea del cielo Nut e del dio della terra Geb, Tefnut era raffigurata nell'arte egizia molto meno frequentemente del suo gemello Shu.

Secondo la genealogia delle divinità egizie, Re, nel suo aspetto di Atum, creò da solo i gemelli Shu e Tefnut dal suo seme o sputo; in altri racconti, li creò con la dea della fertilità dalla testa di mucca Hathor. Come madre di Nut e Geb, Tefnut era la nonna di quattro importanti divinità della mitologia egizia: Osiride, Iside, Seth e Nefthys.

Il ruolo di Tefnut nella mitologia egizia sembrava in qualche modo contraddittorio e potrebbe aver rappresentato la trasformazione delle lacrime di dolore nella rabbia della vendetta. Si pensava che il suo nome significasse "uno che sputa". Nel suo aspetto benefico, era la dea dell'umidità, che aiutava suo fratello-marito a sostenere la loro figlia Nut, la personificazione del cielo.

Tuttavia Tefnut era talvolta considerata come l'incarnazione del potere del sole stesso e quindi era ritratta come una leonessa feroce. Il suo aspetto più feroce era descritto in un mito in cui l'onnipotente divinità del sole Re, suo padre, decise di cancellare l'umanità per la sua disobbedienza, e lei vagava nel deserto in preda alla furia, coperta dal sangue dei suoi nemici umani. In questa storia Tefnut era un sosia della dea del fuoco dalla testa di leone, Sekhmet.

Domande di ricerca

4. Gli eventi dell'Antico Egitto sono utili per la società di oggi? Cosa cambieresti di come vengono trattate le donne oggi?
5. Cosa hanno da dire i tuoi pensieri e le tue opinioni sullo status delle donne nella società su Tefnut e altre divinità egizie femminili?
6. Le vite di queste antiche divinità raccontavano storie del loro tempo che dovremmo osservare anche oggi?

Divinità con forme maschili e femminili

Anubis

Chiamato anche Anpu o Anup.

Il dio dell'imbalsamazione con la testa di sciacallo che guidava le anime dei morti attraverso il regno degli inferi di suo padre, Osiride

Anche se il nome del dio è tradotto nei testi come Anubi, questo è in realtà la forma greca del nome egiziano Anpu. Greci e romani continuarono il culto del dio nei tempi classici. C'era un votivo a lui a Roma, e gli scrittori latini Plutarco e Apuleuis lo menzionano nelle loro opere.

Considerato benevolo e buono, Anubi era presente negli inferi (Duat) al peso dell'anima del morto ed era anche di casa nei regni celesti di Re.

La madre di Anubi era la dea Nefti. Nefti, Iside, Seth e Osiride erano tutti figli della dea del cielo Nut e del dio della terra Geb. Nefti era sposata con suo fratello Seth, e Iside era sposata con suo fratello Osiride. Occasionalmente Anubi è considerato il figlio di Seth, ma nel mito più diffuso, Nefti lasciò Seth e sedusse il marito di sua sorella, Osiride. Ella concepì Anubi, ma quando Anubi nacque, lo abbandonò nel deserto. Iside trovò Anubi con l'aiuto di alcuni cani e lo allevò.

Quando Anubi crebbe, sorvegliò fedelmente la sua madre adottiva, e accompagnò Iside e Osiride ogni volta che viaggiavano per il mondo. Quando Seth uccise e smembrò suo fratello, Osiride, le sorelle Iside e Nefti, ora riconciliate, cercarono il suo corpo, e Anubi le aiutò e le confortò. Quando trovarono tutti i pezzi del corpo di Osiride, fu Anubi che inventò l'arte dell'imbalsamazione e della mummificazione in modo che suo padre potesse vivere di nuovo e regnare nel mondo dei morti.

Anubi è spesso raffigurato come un uomo con la testa di uno sciacallo o di un cane, ma a volte viene anche mostrato con il corpo di uno sciacallo o di un cane. A volte è raffigurato con un lato del viso bianco o dorato e l'altro nero per simboleggiare la sua posizione sia nel regno celeste che in quello degli inferi.

Come dio dell'imbalsamazione, lo spirito guida di Anubi era presente durante la mummificazione del cadavere affinché fosse un ricettacolo adeguato per lo spirito reincarnato. Un altro compito di Anubi si svolgeva durante la pesatura del cuore del morto; era il ruolo di Anubi osservare attentamente la procedura per assicurarsi che fosse fatta correttamente.

Se, secondo la Grande Bilancia, la persona non era pura e onesta e libera dal peccato, Anubi prendeva il cuore dalla bilancia e lo lanciava alla bestia Ammit, che lo divorava, distruggendo la persona per sempre. Se invece la bilancia mostrava che il defunto era libero dal peccato, l'anima poteva passare alla vita eterna.

Sono state suggerite diverse ragioni per cui lo sciacallo o il cane avrebbero avuto un ruolo importante nella morte e nell'imbalsamazione. Lo sciacallo è un animale notturno, che si nutre di carogne, e forse in un'epoca precoce fu deificato come mezzo per supplicarlo di non divorare i corpi dei morti.

Come guida attraverso gli inferi, il cane avrebbe un eccellente istinto di orientamento e potrebbe guidare fedelmente l'anima attraverso i suoi pericoli. Nell'antico Egitto i cani semidomestici erano noti per aggirarsi di notte nei cimiteri e potrebbero anche essere stati usati appositamente come guardie per le tombe.

Anubi era assistito nei suoi compiti per conto dell'anima morta da un altro dio dalla testa di cane o di sciacallo, Wepwawet (scritto anche Upuat o Upuaut, che significa "apritore delle vie"), che era anche raffigurato come un aiutante e guida per i morti. Wepwawet era probabilmente un primo dio funerario la cui funzione era simile a quella di Anubi; talvolta Wepwawet è considerato un'altra forma di Anubi.

Il culto di Anubi era molto antico, probabilmente anche più antico del culto di Osiride. Anubi era la divinità locale di Abydos ed era venerato anche a Lycopolis, Abt e altre città.

1. Come era coinvolto Anubi con gli inferi?
2. Le vite di queste antiche divinità raccontavano storie del loro tempo che dovremmo osservare anche oggi?
3. Qual è il tuo mito preferito sugli dei egiziani?

Nun

Si scrive anche Nu.

Il caos acquatico primordiale da cui fu creato l'universo

Nun diede origine ad Atum (Re-Atum), che generò tutti gli dei e le dee.

Nun era personificato come un maschio umano con in mano uno scettro, come un maschio umano con la testa di una rana sormontata da uno scarabeo, o come un maschio umano con la testa di un serpente.

In origine la dea Nut era la sua controparte femminile. Nei tempi più antichi, gli Egizi credevano che Nun fosse la sconfinata massa acquosa da cui era stata creata ogni cosa esistente; in tempi successivi, anche l'oceano e il fiume Nilo furono talvolta identificati con Nun.

I geroglifici che raffigurano Nun consistevano in tre vasi d'acqua, che rappresentavano il segno del cielo disteso, il determinativo dell'acqua e il segno del dio. Insieme questi indicavano che Nun era il dio di una massa acquosa del cielo.

1. Qual è un dio egiziano con cui vorresti essere amico se ne avessi la possibilità?
2. Qualcuno degli dei egiziani è mai apparso in uno dei suoi sogni?
3. Avete mai visto un film su un dio egiziano?

Divinità minori (maschio)

Apopis

Scritto anche Apep, Apop, Apophis o Aapef.

Un serpente gigante, il principale demone della notte e il principale nemico del dio del sole Re

Apophis è il nome greco dell'egiziano Apopis.

Il nome di Apopis significa "il vagabondo". Apopis era una forma del malvagio dio delle tenebre, Seth, fratello di Osiride, dio degli inferi (Duat). Ogni notte Re, aiutato da Osiride, Horus, figlio di Osiride, e altri dei e dee, doveva combattere il serpente e distruggerlo. Solo dopo questa battaglia tra le forze del bene e del male, della luce e delle tenebre, il sole poteva sorgere di nuovo.

Apopis potrebbe essere stato un dio della tempesta nei tempi predinastici. Ai tempi dell'Antico Regno era diventato il signore dei poteri delle tenebre e il nemico dei morti che desiderano godere della vita eterna, perché si credeva che i morti potessero tornare in vita solo se Apopis veniva sconfitto.

In origine, secondo il mito, Apopis nacque dall'oscurità che avvolgeva il caos primordiale di Nun. Il dio Thoth ideò un potente incantesimo per impedire ad Apopis di ostacolare il sorgere del sole, e Re riuscì ad uccidere Apopis ai piedi del sicomoro di Eliopoli che era sacro alla dea Nut. Apopis divenne la personificazione dell'ora più buia prima dell'alba.

Alla fine di ogni giorno, credevano gli Egizi, il dio del sole Re doveva passare attraverso il regno degli inferi, chiamato Duat. Lo faceva in una barca, e uno dei regni della Duat che doveva attraversare era il dominio del suo antico nemico Apopis. Apopis e un esercito di demoni avrebbero fatto di tutto per ostacolare il passaggio della barca di Re.

Così, gli egiziani credevano che il sole non sorgesse semplicemente nel cielo; poteva farlo solo dopo una lotta senza quartiere con le forze dell'oscurità in cui queste forze venivano decisamente sconfitte. Re e i suoi compagni sarebbero riusciti ad uccidere il serpente in modo che il sole potesse sorgere; tuttavia, la notte seguente Apopis sarebbe stata di nuovo viva e minacciosa come la notte precedente.

Durante la battaglia, Re e gli altri dei avrebbero dovuto distruggere completamente Apopis e una serie di mostri minori, compresi i due aiutanti di Apopis, Sebau e Nak. Avrebbero dovuto infilzarlo, tagliarlo con i coltelli, rompere tutte le sue ossa, farlo a pezzi e ridurre ogni pezzo in cenere prima che fosse veramente sconfitto.

La battaglia contro Apopis è menzionata frequentemente nella collezione di testi mortuari intitolata il Libro dei Morti. Un altro testo rituale, il Libro del rovesciamento di Apep, contiene numerose maledizioni e minacce dettagliate contro il mostro. Queste maledizioni venivano recitate ad alta voce in determinati momenti della giornata dai sacerdoti del tempio di Amon-Re a Tebe, nella convinzione che pronunciarle aiutasse Re nella sua battaglia. I sacerdoti avevano una figura di Apopis fatta di cera, con il suo nome inciso sopra con inchiostro verde.

Avevano anche le figure degli aiutanti di Apopis avvolte nel papiro. Ogni giorno, durante le loro recitazioni, i sacerdoti lanciavano, tagliavano, tagliavano e bruciavano le figure di Apopis e degli altri mostri in una cerimonia per aiutare la vittoria di Re.

1. Credi nel potere degli dei egiziani?
2. Con così tanti dei egiziani da venerare, qual è il tuo preferito e perché?
3. C'è una storia su un dio o una dea egiziana che pensi di poter esplorare per la classe?

Apis

Il più famoso dei tori sacri dell'Egitto, considerato l'incarnazione del dio Ptah e venerato come un dio al tempio di Ptah nell'antica città di Memphis

Il culto di un particolare toro vivo scelto come dio incarnato risale già alla I dinastia, ma divenne particolarmente popolare durante il regno dei faraoni Ramessidi (1292-1075 a.C. circa), e l'animale veniva consultato come oracolo.

Dopo che il toro Apis morì, fu associato al dio dei morti, Osiride, e in una fase tardiva della religione egizia durante il periodo tolemaico il toro Apis fu fuso con il dio Osiride e venerato come Ausar-Apis (Osorapis) o Serapis.

Il dio Ptah era il creatore di tutte le forme, l'architetto divino, e si pensava che la virilità e le prodezze sessuali del dio fossero specificamente incarnate nel toro. Il toro Apis viveva in grande splendore in un palazzo templare costruito appositamente per ospitarlo, appena a sud del tempio di Ptah a Memphis. Lì aveva letti di lino fine su cui giacere e gli venivano serviti solo cibi e bevande speciali.

A Ptah fu data la possibilità di scegliere le mucche più belle con cui accoppiarsi. La madre del toro sacro riceveva anche appartamenti propri nel palazzo del toro. Di solito il toro sacro era frequentato solo dai suoi sacerdoti, ma occasionalmente veniva portato fuori per apparizioni pubbliche e processioni, e il suo compleanno veniva celebrato con una vacanza di sette giorni.

I faraoni d'Egitto donavano grandi somme per il mantenimento del toro Apis. Inoltre, il comportamento del toro era considerato profetico, e molte persone venivano a consultarlo come un oracolo, annotando le sue azioni in loro presenza come favorevoli o sfavorevoli.

Le persone potevano anche dormire in certe stanze del palazzo del toro e farsi interpretare i loro sogni. Si facevano sacrifici al toro sotto forma di buoi che venivano decapitati e pregati.

Alessandro il Grande e l'imperatore romano Tito erano tra quelli noti per aver presentato offerte al toro sacro.

I resoconti differiscono sul destino del toro Apis. O il toro veniva sacrificato quando raggiungeva l'età di 25 anni, o veniva lasciato a vivere la sua vita naturale. Ma dopo la morte il toro veniva sempre imbalsamato e mummificato con la stessa solennità come se fosse stato un faraone, e veniva accuratamente seppellito in un grande rito funerario al Serapeum (un antico tempio) nella città di Saqqarah.

Il Serapeo divenne un luogo di pellegrinaggio non solo per gli egiziani ma anche, in epoca classica, per i greci e i romani.

Consisteva in un labirinto di catacombe scavate nella roccia calcarea sotterranea, con cappelle erette per i fedeli. Nel 1851 gli archeologi riportarono alla luce 64 tori mummificati in questo luogo di sepoltura, ognuno nel suo enorme sarcofago di granito.

Dopo che il toro Apis fu sepolto iniziò un periodo di lutto, durante il quale fu condotta una grande ricerca in tutto l'Egitto per il suo successore. Questo dio toro-vitello incarnato sarebbe stato riconosciuto, si credeva, da 29 segni fisici distintivi e una colorazione nera profonda con macchie bianche, tra cui una marcatura specifica sulla sua fronte (variamente descritta come un quadrato, un triangolo, o una forma a mezzaluna).

Quando un tale vitello veniva trovato, veniva nutrito dai sacerdoti per 40 giorni e poi messo in una cabina d'oro su una chiatta speciale per trasportarlo lungo il fiume Nilo fino al suo palazzo a Memphis. Nella città di Heliopolis un altro toro sacro era venerato in modo simile.

1. Se uno degli dei scendesse sulla Terra, chi vorresti che fosse e perché?
2. Di quale divinità egizia potresti essere stato un adoratore?
3. Pensi che gli egiziani avessero troppi dei diversi?

Bes

Un dio nano benevolo associato al parto, alla musica e alla danza, alla giovialità, alla gioia e al piacere

Bes era raffigurato con le gambe arcuate e un grande stomaco, e a volte indossava un diadema di piume e un costume di pelle di pantera. Mentre la maggior parte degli dei egizi e delle dee erano mostrati di profilo, Bes è generalmente mostrato di fronte, con la faccia in una smorfia e la lingua sporgente. La sua figura era spesso scolpita sulle maniglie degli specchi e dei vasi cosmetici.

Bes era conosciuto fin dai tempi dell'Antico Regno. Nel Nuovo Regno, i rilievi a Dier-al-Bahri mostrano il dio che assiste alla nascita della regina Hatshepsut. Egli è rappresentato nelle case natali dei templi e viene mostrato mentre fornisce divertimento e compagnia ai faraoni da bambini.

Bes fu associato al dio bambino Horus. Come guardiano dei bambini reali, divenne il nemico dei serpenti, e viene mostrato mentre li uccide strangolandoli e mordendoli a morte.

Quando era negli inferi (Duat), Bes divenne più sinistro e bellicoso, ma la sua missione era ancora quella di fare la guerra contro le forze dell'oscurità e combattere per coloro che erano sotto la sua protezione. Nella cultura tardo-dinastica la figura spesso itifallica di Bes veniva trasformata in amuleti come forma di magia protettiva. In epoca classica il suo oracolo veniva consultato ad Abydos.

1. Qual è una qualità buona o cattiva di un dio/dea egiziano per gli umani?
2. Se tu fossi la reincarnazione di un dio egiziano, quale sarebbe?
3. Ha mai visitato l'Egitto, o un tempio o un museo egiziano prima d'ora?

Min

Chiamato anche Amsu.

Un dio della fertilità, della generazione, della pioggia, dei buoni raccolti e della virilità

Min potrebbe anche essere stato adorato come un dio dei viaggiatori e delle strade. Era associato a Horus come Min-Horus e in tempi successivi fu identificato con Amon-Re. Il centro del suo culto era a Coptos e Panopolis nel Basso Egitto, ma il suo culto era diffuso.

Min era anche un dio dei cacciatori e dei nomadi in tutta la regione orientale del deserto. I capi carovana lo pregavano prima di partire per il deserto. Sono state trovate statue di Min decorate con conchiglie e pesci spada; suggeriscono che sia nato come un dio marittimo portato in Egitto da persone che viaggiavano attraverso il deserto orientale.

Min era solitamente raffigurato come un uomo con un fallo eretto, che tiene una frusta nella mano destra. Indossava un copricapo di due pennacchi con una striscia sulla schiena. Le sue feste si svolgevano spesso all'inizio della stagione del raccolto.

Il primo covone tagliato del raccolto gli è stato offerto come ringraziamento rituale dal re stesso.

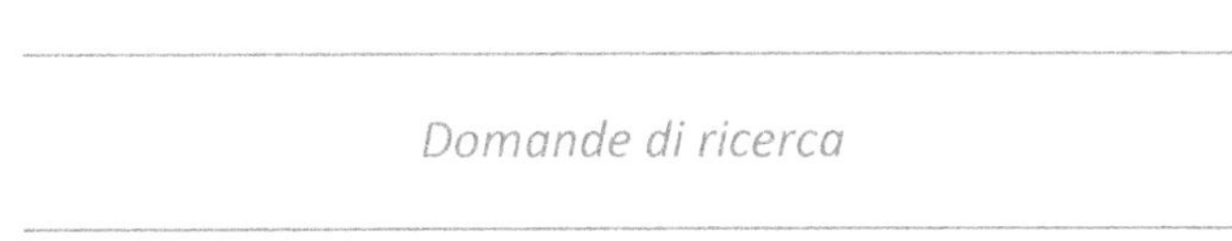

Domande di ricerca

1. Perché pensi che così tanti faraoni siano stati sepolti accanto a gatti, cani e scimmie per l'eternità?
2. Puoi nominare altre piramidi oltre a quelle di Giza che si trovano su un altopiano desertico?
3. Come pensi che ci paragoneremmo all'Antico Egitto se ci fossero ancora oggi?

Serapis

Scritto anche Sarapis, Ausar-Apis o Osorapis.

Una divinità composita che univa gli attributi di Osiride, dio del Duat (inferi), e del toro Apis venerato nella città di Memphis

Serapide era spesso raffigurato come un uomo con la testa di un toro, con il disco solare e il cobra (ureo) tra le corna, e con in mano i simboli di Osiride. A volte veniva mostrato come un uomo con la barba e i capelli ricci, con un cesto sulla testa.

Il toro Apis era considerato, da vivo, l'incarnazione del dio Ptah, l'architetto divino, ed era adorato come un oracolo. Dopo la sua morte, tuttavia, il toro era considerato ancora più potente, in quanto gli attributi di Ptah si fondevano con l'incarnazione di Osiride.

Il toro di Serapide fu sepolto con un rituale solenne al Sarapeum (un antico tempio) vicino a Saqqarah. I pellegrini si recavano al Sarapeum e pregavano per i favori del dio in cappelle contenenti statue e stele (lastre di pietra con iscrizioni o pilastri) dedicate a Serapide. Aveva una particolare reputazione per le cure miracolose. Sessantaquattro tori mummificati furono scavati nel sito di Saqqarah nel 1851.

Serapide fu uno sviluppo tardivo nella teologia egizia. Serapide divenne il dio di stato durante il periodo dei Tolomei, e alcuni studiosi ritengono che il culto stesso sia stato deliberatamente fondato durante il regno di Tolomeo I Soter (323-285 a.C.) per fornire un quadro religioso comune sia agli egiziani che ai greci che si erano stabiliti in Egitto. Infatti, Serapis era il nome greco del dio, il cui nome in egiziano era un composto di Osiride e Apis.

Il culto di Serapide era molto popolare ad Alessandria, la capitale dei Tolomei, dove il tempio a torre dedicato a Serapide aveva una fondazione di 100 gradini ed era descritto dagli autori antichi come una delle più grandi strutture dell'antichità.

Serapide era anche una divinità popolare in Grecia. A Roma, dove Iside e Horus erano popolari divinità egizie trapiantate, Serapide venne considerato come la controparte maschile di Iside.

Anche se il culto di Serapide era diffuso tra tutte le classi sociali dell'Impero romano, estendendosi fino a nord di York in Gran Bretagna, non fu mai centrale nella religione egiziana al di fuori della regione del delta del fiume Nilo.

Domande di ricerca

1. Quanto hanno in comune gli dei egiziani con le loro controparti greche o romane?
2. Se potesse cambiare ciò che gli egiziani credono di un certo dio, quale sarebbe e perché?
3. Quali divinità minori ti è piaciuto conoscere meglio?

Divinità minori (femminile)

Ammit
Una bestia associata al tempo del giudizio

Raffigurata in testi funerari come il Libro dei Morti, Ammit è una creatura femminile composita con la testa di un coccodrillo, le zampe anteriori di un leone e i quarti posteriori di un ippopotamo. Le anime il cui cuore non era in equilibrio nella scala della verità venivano divorate da questa bestia, e così quella persona veniva consegnata all'oblio.

Nella Sala del Giudizio, Ammit, il "mangiatore di morti" o "il divoratore", aspettava impaziente ai piedi del dio scriba Thoth, mentre il cuore della persona morta veniva pesato in un piatto della Grande Bilancia. L'altro piatto conteneva una piuma di struzzo, la piuma di Maat (verità). Se le azioni della persona morta erano pure, riverenti e oneste, il cuore e la piuma si bilanciavano.

In tal caso, Thoth registrava che la persona doveva essere risparmiata e diventare uno dei morti benedetti. Il morto sarebbe stato poi condotto alla presenza del dio degli inferi, Osiride, che era lui stesso risorto dai morti, e come lui avrebbe vissuto per sempre.

Se però la bilancia si rovesciava e il cuore era più pesante della piuma, si dimostrava che la persona non era degna della vita eterna. In questo caso, il dio funerario Anubi dalla testa di sciacallo lanciava il cuore ad Ammit. Lei lo divorava avidamente, e la persona sarebbe perita per sempre.

1. Se mai voleste assaporare un po' della storia e della cultura egiziana, cosa potreste fare?
2. Qual è la tua città preferita in Egitto?
3. Quali sono alcune divertenti divinità egizie su cui imparare di più?

Seshat

Scritto anche Sesat, Sefekht o Seshet.

La dea della storia, della letteratura, della misurazione e della registrazione

Seshat era la controparte femminile di Thoth, dio patrono della saggezza. Seshat era solitamente ritratta come una donna che indossava la pelle di una pantera, con un fiore a sette petali sulla testa, portando una tavolozza e una penna di canna, oggetti che simboleggiavano la sua funzione di registratore di eventi storici.

Domande di ricerca

---

1. Qualcuno di questi dei potrebbe avere un'identità segreta che nessuno conosce tranne loro e i loro sacerdoti ritualisti?
2. Quando è iniziato e finito il regno degli dei egiziani?
3. Quanti templi sono stati dedicati a questi dei nel corso della storia dell'Egitto?

Taurt

Chiamato anche Taweret, Thoueris, Opet o Apet.

La dea ippopotamo associata al parto e alla maternità

In qualità di dea della creazione, era venerata nella città di Karnak. Taurt, come Apet, era la personificazione dell'antico insediamento Apt, da cui deriva il nome di Tebe.

Taurt era di solito raffigurata come un ippopotamo femmina in piedi, con grandi e penduli seni umani, il suo piede sinistro appoggiato su una sa, un simbolo di protezione per i viaggiatori del fiume. Era considerata una forma della dea della fertilità Hathor.

Domande di ricerca

---

1. Qual è la cosa che vorresti sapere di più su un dio egiziano?
2. Chi è Taurt e perché è importante includerla nei testi antichi?
3. Quali di questi dei e dee classici hai imparato a scuola?

Altro

Akhenaton

Nel XIV secolo a.C. il faraone egiziano Amenhotep IV intraprese una riforma religiosa cercando di sostituire tutte le divinità tradizionali con il dio sole Aton (scritto anche Aten). In onore del dio, il faraone cambiò il suo nome in Akhenaton (scritto anche Ikhnaton), che significa "benefico per Aton". Akhenaton regnò dal 1353 al 1336 a.C.

La sua regina era Nefertiti, una delle donne più famose della storia egizia. Pochi anni dopo la sua morte, il ragazzo-re Tutankhamon, la scoperta della cui tomba nel 1922 fu una sensazione archeologica, divenne sovrano.

La riforma di Akhenaton è stata vista da alcuni come uno dei primi tentativi di imporre il monoteismo, la fede in un solo dio, anche se la religione dell'Aton può essere meglio descritta come l'adorazione di un solo dio a preferenza di tutti gli altri. Ad un certo punto Akhenaton avviò un programma per cancellare il nome e l'immagine del dio tebano, Amon, da tutti i monumenti. Per rafforzare ulteriormente le sue vedute, Akhenaton spostò la capitale del paese da Tebe a un sito 200 miglia (300 chilometri) a nord, che chiamò Akhetaton (ora chiamato Tell el-Amarna).

La sua intenzione principale era quella di costruire una città dedicata al culto di Aton separata dai culti già stabiliti. Tuttavia, il monoteismo non era completo, poiché le case private hanno restituito numerose statuette di divinità domestiche, e stele dedicate a divinità tradizionali, come Iside e Tausret, sono state trovate in alcune cappelle private.

Le riforme di Akhenaton, e la rinascita artistica e letteraria che le accompagnò, non sopravvissero a lungo. Così tanto del suo tempo fu dedicato alla religione che il potente impero egiziano cominciò a disintegrarsi.

Questo, combinato con l'opposizione dei sacerdoti degli dei spostati, lavorò per minare la nuova religione. Dopo la morte di Akhenaton la capitale fu spostata di nuovo a Tebe e gli antichi dei, mai completamente rifiutati dalla popolazione, furono ripristinati.

Domande di ricerca

---

1. Alla fine ha funzionato per gli adoratori di Akhenaton?
2. C'è una situazione simile con qualche religione moderna di cui lei è a conoscenza?
3. In che modo questi cambiamenti hanno influenzato il popolo d'Egitto in termini di come adoravano ed eseguivano i rituali per i loro dei?

Il tuo regalo

Hai un libro nelle tue mani.

Non è un libro qualsiasi, è un libro della Student Press Books! Scriviamo di eroi neri, donne che danno potere, mitologia, filosofia, storia e altri argomenti interessanti!

Dato che hai comprato un libro, vogliamo che tu ne abbia un altro gratis.

Tutto ciò di cui hai bisogno è un indirizzo e-mail e la possibilità di iscriverti alla nostra newsletter (il che significa che puoi cancellarti in qualsiasi momento).

Allora, cosa stai aspettando? Iscriviti oggi e richiedi il tuo libro gratis all'istante! Tutto quello che devi fare è visitare il link qui sotto e inserire il tuo indirizzo e-mail. Ti verrà inviato il link per scaricare subito la versione PDF del libro in modo da poterlo leggere offline in qualsiasi momento.

E non preoccupatevi - non ci sono fregature o costi nascosti; solo un buon vecchio omaggio da parte nostra qui a Student Press Books.

Visita subito questo link e iscriviti per ricevere la tua copia gratuita di uno dei nostri libri!

Link: https://campsite.bio/studentpressbooks

Libri

I nostri libri sono disponibili in tutti i principali rivenditori di libri online. Guarda i nostri pacchetti di libri digitali qui:
https://payhip.com/studentPressBooksIT

La serie di libri dedicata alla Storia dei Neri.

Benvenuti nella serie di libri dedicata alla storia dei neri. Imparate a conoscere quali sono i punti di riferimento nel panorama nero con queste ispiranti biografie di pionieri e pioniere dell'America, dell'Africa e dell'Europa. Sappiamo tutti che la Storia Nera è importante, ma purtroppo può essere difficile trovare dei buoni materiali da leggere.

Molti di noi hanno familiarità con i più noti protagonisti della cultura popolare e dei libri di storia, ma in questi volumi verranno presentati anche anche uomini e donne neri meno conosciuti di tutto il mondo, le cui storie meritano di essere raccontate. Questi libri biografici vi aiuteranno a capire meglio come le sofferenze e le azioni delle persone hanno plasmato i loro paesi e le loro comunità per le generazioni a venire.

Titoli disponibili:

1. 21 leader neri ispiratori: Le vite di importanti personaggi influenti del 20° secolo: Martin Luther King Jr., Malcolm X, Bob Marley e altri
2. 21 donne nere eccezionali: Storie di donne nere influenti del 20° secolo: Daisy Bates, Maya Angelou e altre

La serie di libri Empowerment Femminile.

Benvenuti alla serie di libri Empowerment femminile. Imparate a conoscere le impavide icone femminili dei tempi moderni con le ispiranti biografie delle pioniere di tutto il mondo. L'empowerment femminile è un argomento importante che merita più attenzione di quanta ne riceva. Per secoli alle donne è stato detto che il loro posto era in casa, ma molte di loro si sono rifiutate di crederlo.

Le donne sono ancora poco rappresentate nei libri di storia, le poche che vengono nominate nei libri di testo di solito tendono ad essere relegate in poche righe. Eppure, la storia è piena di storie di donne forti, intelligenti e indipendenti che hanno superato gli ostacoli e cambiato il corso degli eventi semplicemente perché volevano vivere la loro vita.

Questi libri biografici ti ispireranno insegnandoti anche preziose lezioni sulla perseveranza e il superamento delle avversità! Impara da questi esempi che tutto è possibile se ci si impegna!

Titoli disponibili:

1. 21 donne eccezionali: Le vite delle intrepidi donne che hanno combattuto per la libertà superando tutti i confini: Angela Davis, Marie Curie, Jane Goodall e altre
2. 21 donne ispiratrici: Le vite di donne coraggiose e influenti del 20° secolo: Kamala Harris, Madre Teresa e altre
3. 21 donne fantastiche: Le ispiranti vite di artiste femminili del 20° secolo: Madonna, Yayoi Kusama e altre
4. 21 donne fantastiche: Le vite influenti di audaci donne di scienza del 20° secolo

La serie di libri Leader Mondiali.

Benvenuti nella serie di libri sui leader mondiali. Scopri i protagonisti Reali e i presidenti del Regno Unito, degli Stati Uniti e di altri paesi. Grazie a queste biografie dei Reali, dei Presidenti e dei Capi di Stato, imparerai a conoscere meglio chi sono le persone che hanno avuto il coraggio di guidare una nazione, il tutto correlato da citazioni, curiosità e immagini.

La gente è affascinata dalla storia, dalla politica e da coloro che l'hanno plasmata. Questi libri presentano nuove prospettive sulla vita di tali personaggi importanti. Questa serie è perfetta per chiunque voglia saperne di più sui grandi leader del nostro mondo: giovani lettori ambiziosi e adulti che amano leggere di persone interessanti.

Titoli disponibili:

1. Gli 11 reali britannici: La biografia della famiglia Windsor: la regina Elisabetta II e il principe Filippo, Harry e Meghan e altri
2. I 46 presidenti americani: Le loro storie, imprese e lasciti: da George Washington a Joe Biden
3. I 46 presidenti americani: Le loro storie, imprese e lasciti - Edizione estesa

La serie di libri Mitologia accattivante.

Benvenuti nella serie di libri Mitologia accattivante. Scopri gli dèi e le dee dell'Egitto e della Grecia, le divinità nordiche e altre creature mitologiche.

Chi sono questi antichi dèi e dee? Cosa sappiamo di loro? Chi erano veramente? Perché la gente li adorava nell'antichità e da dove venivano?

Questi libri presentano nuove prospettive sugli antichi dèi che ispireranno i lettori a considerare il loro posto nella società e a conoscere la storia.

Questi libri di mitologia prendono in considerazione anche fattori influenti come la religione, la letteratura e l'arte in un formato accattivante con foto e illustrazioni suggestive.

Titoli disponibili:

1. Antico Egitto: Una guida alle divinità egizie misteriose: Amon-Ra, Osiride, Anubi, Horus e altre
2. Antica Grecia: Una guida agli dèi, dee, divinità, titani ed eroi greci classici: Zeus, Poseidone, Apollo e altri
3. Antichi racconti norreni: Scopri gli dèi, le dee e i giganti dei vichinghi: Odino, Loki, Thor, Freia e altri

La serie di libri Teoria Semplice.

Benvenuti alla serie di libri Teoria Semplice. Scopri la filosofia, le idee dei filosofi antichi e altre teorie interessanti. Questi libri presentano le biografie e le idee dei filosofi più noti di luoghi chiave come l'antica Grecia e la Cina.

La filosofia è una materia complessa e molte persone fanno fatica a capirne anche solo le basi. Questi libri sono progettati per aiutarti ad imparare di più sulla filosofia e sono unici grazie al loro approccio semplice. Capire a fondo la filosofia non è mai stato così facile o divertente come in questo caso. Inoltre, ogni volume include anche delle domande in modo che tu possa scavare più a fondo nei tuoi pensieri e nelle tue opinioni!

Titoli disponibili:

1. Filosofia greca: Le vite e le idee dei filosofi dell'antica Grecia:
   Socrate, Platone, Pitagora e altri

2. Etica e morale: Filosofia morale, bioetica, sfide mediche e filosofi
   correlati

La serie di libri Empowerment dei giovani imprenditori

Benvenuti alla serie di libri dedicati all'Empowerment dei Giovani
Imprenditori. Non è mai troppo presto per i giovani ambiziosi per iniziare
a far carriera! Che tu sia un giovane dalla mentalità imprenditoriale che
sta cercando di costruire il proprio impero, o un aspirante imprenditore
che sta iniziando a risalire la strada lunga e tortuosa, questi libri ti
ispireranno con le storie di imprenditori di successo.

Scopri le loro vite, i loro fallimenti e successi che ti faranno venire voglia di
prendere il controllo della tua vita invece di viverla passivamente!

Titoli disponibili:

1. 21 Imprenditori di successo: Le vite di importanti personaggi
   influenti del 20° secolo: Elon Musk, Steve Jobs e altri
2. 21 Imprenditori rivoluzionari: Le vite di incredibili uomini d'affari
   del 19° secolo: Henry Ford, Thomas Edison e altri

La serie di libri Storia facile.

Benvenuto nella serie di libri Storia facile. Esplora vari soggetti storici
dall'età della pietra ai tempi moderni, più le idee e le persone influenti
che hanno vissuto nel corso dei secoli.

Questi libri sono un ottimo modo per farvi appassionare alla storia. Le
persone sono spesso scoraggiate da libri di testo pesanti e noiosi, ma
amano le storie delle persone comuni che hanno fatto la differenza nel
mondo. Questi volumi ti daranno l'opportunità di scoprire le loro storie
imparando importanti informazioni storiche.

Titoli disponibili:

1. La prima guerra mondiale: La prima guerra mondiale, le sue
   grandi battaglie, le persone e le forze coinvolte

2. La Seconda Guerra Mondiale: La storia della seconda guerra mondiale, Hitler, Mussolini, Churchill e altri protagonisti coinvolti
3. L'Olocausto: I nazisti, l'ascesa dell'antisemitismo, la Notte dei cristalli e i campi di concentramento di Auschwitz e Bergen-Belsen
4. La rivoluzione francese: L'Ancien régime, Napoleone Bonaparte e le guerre rivoluzionarie francesi, napoleoniche e della Vandea

I nostri libri sono disponibili in tutti i principali rivenditori di libri online. Guarda i nostri pacchetti di libri digitali qui:

https://payhip.com/studentPressBooksIT

Conclusione

Speriamo che ti sia piaciuto leggere delle misteriose divinità egizie. Abbiamo parlato di tutto quello che volevi sapere sul mondo antico? Se no, non preoccuparti. Abbiamo altri libri sulla mitologia che sapranno sicuramente rispondere alle tue domande e soddisfare la tua curiosità!Diamo una rapida occhiata ad alcuni dei fatti più interessanti e insoliti che abbiamo imparato su questi dèi.

Per esempio, sapevi che le divinità egizie sono spesso raffigurate con teste di animali? Puoi ripassare quello che hai imparato su di loro rileggendo questo libro!

Speriamo che questo libro ti abbia fatto apprezzare la mitologia egizia e ti abbia dato un sacco di nuove conoscenze da condividere con i tuoi amici. Leggilo di nuovo qualche volta!

Hai letto questa lettura educativa? Cosa ne pensi? Faccelo sapere con una bella recensione del libro!

Ci piacerebbe molto, quindi assicurati di scriverne una!

www.ingramcontent.com/pod-product-compliance
Lightning Source LLC
Chambersburg PA
CBHW061244140726
47998CB00006B/2088